CW01506899

Modelos mentales:

30 técnicas asociadas al pensamiento que te harán sobresalir del resto y perfeccionar la toma de decisiones, el análisis lógico y la resolución de problemas.

Por Peter Hollins,
Autor e investigador de
peteHollins.com

Índice

Capítulo 1. Priorizando la velocidad y el contexto en la toma de decisiones

Puede que no te suene mucho el nombre de Charlie Munger, pero lo más probable es que estés familiarizado con su socio, el multimillonario de Omaha, Warren Buffet, uno de los inversores más famosos del mundo y, consecuentemente, una de las personas más ricas desde hace décadas.

Ambos han trabajado codo a codo desde 1978 en el conglomerado de Buffet: Berkshire Hathaway. Aunque Munger no suele recibir tanta atención como su socio, Buffet atribuye gran parte de su éxito a la alianza que existe entre ambos. Además, en los últimos años, Munger ha comenzado a ganar seguidores por derecho propio gracias a la forma en que ha sabido expresar su filosofía de vida.

Todo comenzó cuando Munger se presentó ante el público para dar un discurso de graduación en la Escuela de negocios Marshall de la USC en 1994, titulado "Lección sobre la sabiduría básica y universal en relación a la gestión y el negocio de inversiones". Incluso décadas más tarde, el impacto del discurso de Munger sigue teniendo gran influencia en la sociedad, pues presentó el concepto de los "modelos mentales", el cual se difundió de forma generalizada entre el público. Munger señaló:

¿Qué es la sabiduría básica y universal? Pues bien, la regla principal es que no alcanzarás una comprensión genuina del tema si te limitas a recordar los hechos aislados e intentas exponerlos sin más. Si estos hechos no encajan dentro de un entramado de teorías, no serán aplicables. Es necesario contar con modelos mentales. Y es necesario que incluyas tu experiencia (tanto directa como indirecta) en dicho entramado de modelos.

Puede que hayas conocido al típico estudiante que se limita a memorizar y recitar los hechos al pie de la letra. Dicho estudiante está fracasando tanto a nivel académico como personal. Es necesario incluir la experiencia personal en el entramado de modelos que hay en nuestra mente.

¿Qué son estos modelos? Pues bien, la regla principal es que debes tener varios modelos, pues si te limitas a usar solo un par de ellos, la naturaleza de la psicología humana te hará distorsionar la realidad de manera que se ajuste a tus modelos, o al menos, pensarás que lo hace.

Es como el viejo refrán: "Si solo tienes un martillo, todos los problemas parecerán un clavo". Y, por supuesto, esta afirmación también aplica a como el quiropráctico aborda su labor médica. Sin embargo, esta es una manera muy perjudicial de pensar y de ver el mundo.

Por lo tanto, es necesario tener varios modelos. Además, los modelos deben fundamentarse en distintas disciplinas, pues la sabiduría universal no estará limitada a una pequeña área académica. Es por ello que los profesores de poesía, en líneas generales, no poseen mucha sabiduría en el sentido universal. No tienen suficientes modelos mentales. Por consiguiente, es necesario contar con modelos que abarquen una amplia gama de disciplinas.

Sé lo que están pensando: "Dios mío, qué complicado". Pero, por suerte, no es tan complicado como crees, pues ochenta o noventa de los modelos más importantes se encargarán del noventa por ciento de la dificultad asociada a desarrollar tu sabiduría universal. Y de todos estos modelos, solo un puñado requiere de un esfuerzo considerable.

Posteriormente, subrayó:

Es necesario que conozcas las ideas principales de las disciplinas principales y las hagas un hábito; todas ellas, no solo un puñado. La mayoría de las personas son capacitadas en un único modelo (economía, por ejemplo) e intentan resolver todos los problemas de una forma en específico. Ya conoces el refrán: "Si solo tienes un martillo, todos los problemas parecerán un clavo". Esta es una forma muy tonta de abordar los problemas.

Aunque personalmente no iría tan lejos como para decir que dominar una disciplina es *tonto*, es innegable que no es la forma más óptima o eficiente de resolver o entender las situaciones que se presentan en nuestro día a día. No te prepara lo suficiente para aquellas situaciones que estén fuera de tu área de conocimiento principal, pero la solución no es volverse un experto en todas las áreas. Se trata de encontrar tu propio *entramado de modelos mentales*.

Por consiguiente, Munger deja en claro que explorar el mundo sin la ayuda de los modelos mentales es igual a vendarse los ojos y señalar de forma aleatoria hacia un globo terráqueo que gira a toda velocidad, intentando encontrar Cuba. Si no contamos con modelos mentales que orienten nuestras ideas, nuestra percepción se verá limitada a elementos aleatorios e individuales sin conexión alguna entre sí.

Continuando con la analogía del martillo, si trabajas en el área de construcción, te sería muy útil dominar el uso del martillo, la sierra, los clavos, el taladro, la lijadora, etcétera. Mientras más herramientas domines, mayor será tu capacidad de realizar obras distintas e innovadoras; mientras más modelos mentales adquieras, mayor será tu capacidad de abordar y comprender lo que ha ocurrido y ocurrirá a lo largo de tu vida.

Y a ciencia cierta, ¿qué es un modelo mental?

Es un esquema que dirige tu atención hacia los elementos importantes de la situación que estés enfrentando, y define el contexto, trasfondo y dirección. Entenderás la situación incluso si careces de conocimiento o experiencia como tal, y desarrollarás la habilidad de tomar decisiones óptimas.

Por ejemplo, si eres un aspirante a chef, la mayoría de elementos que aprendes equivalen a modelos mentales: los distintos tipos de sabores que existen, los ingredientes básicos que se necesitan para preparar un caldo o una salsa, técnicas clásicas para los distintos tipos de carne, y las combinaciones típicas de platillos y bebidas. Si dominas tales conceptos, sabrás cómo desempeñarte de forma general en cualquier tipo de gastronomía. Sin un entramado de modelos subyacentes, cada nueva receta supondría una nueva serie de obstáculos.

Aunque algunas podrían ser universales, diferentes situaciones exigirán diferentes tipos de esquemas, y es por ello que Munger hizo tanto hincapié en el entramado de modelos mentales, pues nos permitiría estar preparados para la mayor cantidad de situaciones posibles. Sin un modelo mental, puede que no veas más que un conjunto aleatorio de líneas. Sin embargo, *con* un modelo mental aplicable, es como si nos entregasen un mapa que nos muestra el significado de dichas líneas; ahora podemos interpretar correctamente la información y tomar una decisión bien fundamentada.

Los modelos mentales te ayudan a entender la situación, y te brindan resultados predecibles de lo que ocurrirá a futuro. Puedes verlos como herramientas heurísticas para la vida cotidiana o como pautas para evaluar y comprender una situación. También puedes verlos como unos prismáticos que puedes usar cuando quieras enfocarte en un objetivo en específico.

Puede que pienses que ningún modelo es un reflejo completamente fidedigno del mundo, sin embargo, no es necesario que lo sea. Su único deber es orientarnos en la dirección correcta para entender la complejidad que nos rodea, y distinguir entre el ruido y las señales. En cualquier caso, es preferible a la alternativa: ir por el mundo completamente a ciegas.

Todos tenemos nuestros propios modelos mentales, los cuales hemos desarrollado por el simple hecho de vivir y percibir patrones de la vida cotidiana. Todos tenemos una noción de cómo actuar en un restaurante lujoso porque hemos estado expuestos de alguna manera a dicha situación. También tenemos una serie de modelos mentales basados en nuestros valores, experiencias y perspectivas únicas. Puede que te rehúses a usar el banco porque desconfías de las grandes instituciones, y como regla general guardas el dinero bajo el colchón; nadie ha dicho que todos los modelos mentales sean útiles, precisos o aplicables de forma universal. De hecho, algunos pueden llevarnos en la dirección equivocada.

Por definición, nuestros modelos mentales personales son limitados, y no hacen más que reflejar una perspectiva tendenciosa.

Si *mi* enfoque mental es lo *único* que uso para percibir y entender el mundo, no tendré una comprensión muy amplia del mismo. Inevitablemente, malinterpretaré muchas cosas y me quedaré sin opciones en aquellas situaciones donde no pueda aplicar mi propia experiencia.

Es ahí donde entra este libro. Quiero presentarte un entramado de modelos mentales que te permitirán desenvolverte mejor en el mundo. Algunos son específicos, mientras otros son universales y aplicables en casi cualquier contexto. Te ayudarán a pensar con mayor sensatez, a tomar mejores decisiones y a encontrar lucidez en medio de la confusión.

Analizar el mismo objeto o suceso a través de distintos modelos mentales te brindará perspectivas muy distintas según tu punto de interés principal y, sin lugar a dudas, una gama más amplia de conocimiento de la que hubieses obtenido de haberte ceñido a tu propio marco de referencia. Mientras mayor sea la variedad de perspectivas que poseas, mayor será la cantidad de áreas que comprendas.

Nuestro aspirante a chef del ejemplo anterior podría ver una cesta de ingredientes a través de los ojos de un panadero, de un chef de la gastronomía francesa clásica, de un experto en la preparación de sándwiches o de un maestro de la cocina Shichuan. Ninguno de estos modelos es necesariamente el más óptimo, pero te brindan un marco de referencia que te evitará tener que ver aquel montón de ingredientes y no tener la más mínima idea de qué hacer con ellos.

Puede que lo más importante de los modelos mentales sea que funcionan para evitar el error humano; muy acertadamente, otro de los famosos discursos de Munger fue titulado: "La psicología del juicio erróneo en el ser humano".

Al tener una cantidad muy reducida de modelos mentales, corres el riesgo de ser víctima de una situación similar a la fábula de los ciegos y el elefante, la cual consiste en algo así: seis ciegos extendían sus brazos y lograban palpar distintas partes de un elefante: las rodillas, los costados, los colmillos, la trompa, las orejas y la cola. Por separado, ninguno de los ciegos estaba equivocado, pero solo podían interpretar la situación desde una única perspectiva, así que estaban equivocados respecto a la apariencia general del elefante.

Los modelos múltiples se cuestionan entre sí para brindar una perspectiva más amplia de la situación, mientras que recurrir solo a un par de ellos reduce tu perspectiva general a un contexto o disciplina limitada. Contar con una amplia gama de modelos mentales puede expandir tu perspectiva y neutralizar algunos de los "errores" inconscientes que el usar solo un par de modelos podría ocasionar.

Esto no significa que debas saber todo lo referente a un millón de disciplinas distintas para usar varios modelos mentales. Solo necesitas entender los puntos básicos y fundamentales de las más importantes. Lo más esencial es desarrollar un talento que vaya más allá del uso del martillo.

Este primer capítulo indaga en los modelos mentales que facilitan la toma de decisiones. En cierto sentido, la mayoría de modelos mentales nos ayudan a tomar decisiones en algún punto, pero estos modelos en específico giran en torno a cómo procesar la información de forma más eficiente y buscar el resultado que tenga más probabilidades de generar satisfacción. En otras palabras, te llevan de un Punto A a un Punto B en menos tiempo, y también podrían ayudarte a definir con exactitud qué es el Punto A.

Generalmente, a la hora de tomar decisiones, nos encontramos saturados de información (el clásico problema de la relación señal/ruido). Aprenderás a desarrollar "sordera" selectiva y te limitarás a prestar atención a lo que realmente importa. Es ahí donde comenzamos con el primer modelo mental.

MM #1: Aborda lo "importante"; ignora lo "urgente"

Úsalo para distinguir entre prioridades genuinas y falsas.

Incluso cuando estamos descansando, puede invadirnos un pánico repentino y sentir una descarga de adrenalina cuando intentamos tomar una decisión. Puede que estemos completamente tranquilos, pasando el rato en la piscina, y aun así tener esta sensación. ¿A qué se debe?

Es nuestro cerebro intentando hacernos caer en una de las falacias más peligrosas: una que te hará concentrarte de forma continua en lo irrelevante. Cualquier situación, aparentemente, es una emergencia que debe ser abordada a la brevedad posible, y si no tomas medidas personales, sufrirás terribles consecuencias.

El error es pensar que "importante" y "urgente" son sinónimos, pasando por alto la gran diferencia que existe entre ambos términos y la prioridad que deberías asignarle a cada uno. La capacidad de distinguir entre ambos es un paso clave para reducir la ansiedad, detener la procrastinación y garantizar que actuemos de la forma más eficiente.

Probablemente, este método mental tiene más relevancia en el ámbito de la productividad, donde el tiempo es valioso. Invertimos demasiado tiempo en las tareas *urgentes* cuando deberíamos estarnos concentrando en las tareas *importantes.*

Tareas importantes: Contribuyen con nuestros objetivos a corto y largo plazo. Son obligatorias para nuestro trabajo, responsabilidades y vida personal. No pueden ser omitidas y deberían ser la prioridad. Puede que no necesiten ser realizadas de inmediato, y esto las hace parecer menos importantes. Dicha noción aumenta las probabilidades de que caigamos en la trampa de ignorar lo importante para priorizar lo urgente. Sin embargo, estas son las tareas que tienen un impacto real en tus objetivos finales, y el omitirlas acarrearía repercusiones muy negativas.

Tareas urgentes: No exigen otra cosa que velocidad e inmediatez, y generalmente nos las asigna un tercero. Por supuesto, esto causa una reacción natural que te hace perder el norte. *Pueden* tener relación con una tarea importante, pero también puede que exijan tu atención inmediata aún sin merecerla. Suelen ser más breves y fáciles de completar, así que solemos concentrarnos en ellas por motivos de procrastinación, y nos permite sentirnos cuasiproductivos a pesar de que estamos ignorando lo que *realmente* deberíamos estar haciendo. Muchas tareas urgentes pueden postergarse, delegarse a otra persona o ignorarse sin más.

Como ejemplo breve, si eres escritor y tienes la fecha de entrega a la vuelta de la esquina, una tarea *importante* para ti sería seguir escribiendo el libro. Tienes que escribir 5000 palabras al día durante las próximas dos semanas o podrías perder tu empleo. Esto califica como una prioridad.

Una tarea *urgente* sería solucionar el problema de la insoportable luz de "revisar motor" que no para de parpadear en el auto. Probablemente, tu auto puede sobrevivir un par de viajes más, y aunque la luz intermitente podría resultar distractora, tienes que resistir el impulso, pues este es un asunto urgente que finge ser importante.

Generalmente, descubrirás que una actividad o proyecto importante podría no tener muchas tareas urgentes relacionadas. Esto suele generar una confusión de prioridades. Por suerte, hay un método comprobado para distinguir entre lo urgente y lo importante, y el método debe su nombre a uno de los presidentes más famosos de los Estados Unidos: Dwight D. Eisenhower. Se denomina la matriz de Einsenhower, y te ayudará a asignar prioridades e identificar las actividades que realmente deberías estar abordando al momento.

Einsenhower fue un general de cinco estrellas durante la Segunda Guerra Mundial, antes de ser electo presidente durante dos períodos comprendidos entre 1953 y 1961. Además de liderar a las fuerzas aliadas hacia la victoria en la guerra, Eisenhower supervisó la creación de la NASA, el sistema de autopistas interestatales del país y una nueva legislación de derechos civiles, mientras comandaba a los Estados Unidos a lo largo del conflicto con Corea y la instigación de la Guerra Fría.

Para cumplir con su complicada agenda, Eisenhower desarrolló un sistema que le ayudaba a organizar las actividades y deberes en términos de importancia, y le permitía identificar los procesos más fundamentales que debía llevar a cabo para cumplir con dichas actividades esenciales. También le ayudaba a determinar cuáles eran las tareas menos importantes que podría delegar a otra persona o eliminar por completo. En otras palabras, distinguía lo importante de lo urgente.

Algunas tareas podrían ser necesarias para una nueva legislación de derechos civiles y aun así no parecer urgentes. Otras tareas podrían parecer urgentísimas, pero no marcarían diferencia alguna. Cualquier persona, sobre todo una tan influyente como el Presidente de los Estados Unidos, debería tener muy en claro cuáles son sus prioridades.

La matriz de Eisenhower puede ser usada con facilidad por cualquier persona, y supone un gran paso hacia el éxito y la eficiencia. El modelo consiste en una sencilla cuadrícula dividida entre objetivos "importantes" y tareas "urgentes", tal como puedes observar a continuación.

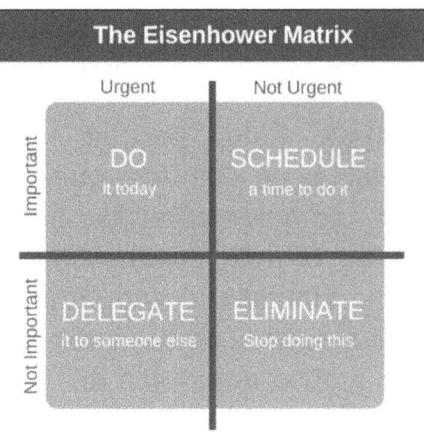

www.expertprogrammanagement.com

Tareas importantes. La fila superior de la matriz representa las obligaciones o responsabilidades más importantes de nuestra vida. Son cosas que exigen nuestra más plena atención. En el ámbito laboral, podrían incluirse los aspectos más relevantes de nuestro perfil profesional: supervisar el presupuesto, gestionar un proyecto a largo plazo que define a la empresa o mantener operaciones constantes. En el ámbito personal, se podría incluir el cuidar nuestra salud (o la de nuestros seres queridos), mantener una relación o matrimonio estable, vender un inmueble, o iniciar un negocio. Aquellas actividades que tengan mayor impacto en los otros elementos de nuestra vida personal o laboral son las más importantes.

Sin embargo, solo porque algo sea importantísimo, no significa que todas las actividades complementarias deban ser realizadas en el acto. Algunas pueden ser aplazadas (incluso indefinidamente), algunas ni siquiera están listas para ser abordadas, y otras dependen de un tercero. En pocas palabras, no puedes resolverlas todas *al momento*. Es ahí donde entra el criterio de "urgencia": la fila superior de la matriz se divide de acuerdo a lo que puede abordarse en el momento y lo que puede ser aplazado (pero debe abordarse en algún momento del futuro).

Urgente: Ejecutar. Los elementos en el cuadrante de "ejecutar" son actividades que deben ser realizadas con la mayor prontitud. Deben ser completadas para evitar resultados adversos o circunstancias incontrolables, y mientras más pronto las termines, menos trabajo (y más alivio) tendrás a futuro. Las tareas a "ejecutar" suelen girar en torno a fechas límite: trabajos finales, comparecencias, la matrícula del auto, solicitudes de ingreso a la universidad, etcétera.

También incluyen emergencias o actividades que necesitan ser completadas para evitar que ocurra un desastre. Las tareas a "ejecutar" deben ser vistas como obligaciones que necesitan ser atendidas de inmediato, al final del día, o mañana como máximo. Generan ansiedad porque son obligaciones que implican mucho esfuerzo e intimidación, pero que aun así debes llevar a cabo.

No urgente: Planificar. Las tareas del segundo cuadrante deben ser realizadas en algún momento (pero no necesariamente *ahora*). El mundo no se va a acabar si no las hacemos hoy; no tienen una fecha límite estricta. Sin embargo, tienen que ser completadas en *algún* momento, por lo general relativamente pronto, así que necesitan ser programadas. Las tareas a "planificar" incluyen concertar una reunión con un cliente importante, fijar una hora para la reparación de una gotera, estudiar o leer material académico o documentos laborales, o planificar labores de mantenimiento a largo plazo.

Prográmalas después que soluciones lo más importante. Planifícalas para el futuro cercano, pero no en fechas tan inminentes que interfieran con las tareas que realmente son urgentes *e* importantes. Las tareas a "planificar" también son elementos fundamentales de tus planes a medio y largo plazo: cuando estás planificando con una semana o mes de anticipación, las tareas a "planificar" deberían ser incluidas en tu agenda.

El peligro de las tareas "no urgentes" es restarles demasiada prioridad. Son importantes para mantener el funcionamiento normal de las actividades, y si son descartadas u olvidadas, podrían no tardar en convertirse en tareas de emergencia. Usemos como ejemplo la luz de "revisar motor" que se mencionó anteriormente; a modo de anécdota, he conducido con dicha luz encendida durante casi un año y no ha pasado nada malo, así que incluso si en teoría es importante, no exige atención urgente.

Tareas no importantes. La fila inferior de la matriz de Eisenhower representa las tareas que no son relevantes en un sentido personal. Eso no significa que sean insignificantes para los demás (aunque podrían serlo), sino que son actividades que podrían ser más adecuadas o relevantes para otra persona. Sin lugar a dudas, habrá quienes intenten presentártelas como si tuviesen importancia para ti, pero por lo general no están haciendo más que proyectar sus propios intereses. ¿Causarán algún impacto en tu vida? Mínimo, si acaso. La categoría de las tareas "no importantes" también se divide por urgencia relativa.

Urgente: Delegar. Puede que el cuadrante más confuso de la matriz sea el de "no importante, pero urgente". Puede que tenga más sentido en un contexto laboral: son tareas cuya realización podría ser necesaria, pero no es crucial que seas *tú* quien las realice, incluso si estuviese en tus manos. Si las realizas tú mismo, podrían restarle tiempo a los elementos "importantes" cuya realización sí es obligatoria, bien sea ahora o más adelante.

Por tales motivos, los elementos de este cuadrante deberían ser eliminados, preferiblemente delegándoselos a otra persona. Si eres el líder del equipo, deberías ser capaz de buscar a alguien que asuma la responsabilidad de dichas tareas.

Las tareas no importantes/urgentes pueden ser identificadas al sopesar cuán vitales resultan para la situación actual. De forma muy general, estas pueden ser descritas como interrupciones: llamadas telefónicas, correos electrónicos, problemas familiares, entre otros. Durante tiempos de inactividad, puede que sea importante concentrarnos en dichos asuntos, pero de momento podrían distraerte o desviarte de las actividades que deberías realizar en aras de la consecución de tus objetivos generales.

Puede que estés respondiendo correos de atención al cliente a pesar de que eres el director ejecutivo de una compañía con 100 empleados. Dichos correos involucran a clientes furiosos y alterados a más no poder, y brindarles atención es un asunto urgente para todos los involucrados (excepto para ti).

No tiene ningún sentido o importancia que te involucres en tales pequeñeces cotidianas, y por consiguiente, debes eliminarlas de tu agenda al delegárselas a otra persona.

No urgentes: Eliminar. Por último, hay algunas actividades y funciones que no son ni importantes ni imperiosas para el asunto que nos ocupa. ¿Qué función cumplen entonces? Más que nada distraerte o servirte de escape para evitar cumplir con tus deberes: actividades de ocio, redes sociales, maratones televisivos, llamadas telefónicas de larga duración, pasatiempos absorbentes, etcétera. En nombre de la eficiencia y de establecer prioridades, dichas actividades suponen un lastre; puede que no siempre estemos tomando medidas preventivas contra ellas, pero el simple hecho de mantenernos en guardia no deja de ser útil.

No son más que elementos que por algún motivo captan nuestra atención e intentan obligarnos a actuar en consecuencia; incluso, en ocasiones, pueden ser difíciles de identificar por lo insignificantes y efímeras que parecen. Sin embargo, van acumulándose poco a poco. (Si alguna vez quieres llevarte una sorpresa y descubrir qué tanto se acumulan, instala una aplicación de monitoreo en tu teléfono y computadora para llevar un registro de cuánto tiempo le dedicas a este tipo de actividades improductivas).

Son actividades que no deberían ni siquiera ser incluidas en tu agenda y solo deberían ser llevadas a cabo cuando todo lo demás esté listo. Encárgate únicamente de elementos que sean importantes para alcanzar el éxito en tu proyecto o vida en general. Esto no significa que *nunca* puedas hacerlas (y sería un error prohibirte un poco de escapismo de vez en cuando). Sin embargo, cuando estás en medio de otras actividades importantes que requieren de tu atención o supervisión, sácalas por completo de tu agenda. De todas maneras, en cuanto hayas terminado las tareas importantes, las demás también serán más significativas y gratificantes.

Solo porque algo parezca exigir una respuesta rápida no significa que debas dársela, y solo porque sientas que algo no es prioritario no significa que debas ignorarlo. Aprende a crear un equilibro para tomar las mejores decisiones.

MM #2: Analiza el efecto dominó

Úsalo para tomar las decisiones más inteligentes que puedas.

Cuando nos vemos forzados a tomar una decisión, la mayoría solo considera el impacto inmediato que tendrá la misma (sobre todo si es urgente o imperiosa). Solo nos fijamos en la ficha de dominó que tenemos delante; la vida nunca es tan sencilla y limitada. ¿Qué hay del resto de las fichas? No desaparecerán por arte de magia.

Percibimos la mayoría de nuestras decisiones cotidianas como situaciones aisladas sin muchas consecuencias, bien sean positivas o negativas. Todos los días, mostramos una carencia alarmante de previsión porque así es como estamos biológicamente programados, y nuestros instintos no juegan precisamente a nuestro favor. No se puede escapar del razonamiento típico del ser humano: Piso un clavo, salto adolorido hacia un costado, y termino precipitándome al vacío. Así es nuestra naturaleza.

Generalmente, a este fenómeno se le conoce como pensamiento de primer orden, y se presenta cuando nos concentramos exclusivamente en resolver la interrogante o tomar la decisión de turno sin pensar en las ramificaciones a largo plazo, o cómo nuestra decisión repercutirá en el futuro distante. Si te resulta más práctico, llámalo *pensamiento de primera ficha*.

Sin embargo, muchas de nuestras decisiones, sobre todo aquellas que nos hacen dar vueltas en la cama de tanto pensar, tienen consecuencias que van más allá de lo que podemos percibir a simple vista. En cuanto a consecuencias se refiere, los humanos son tan ciegos como los murciélagos. Las pequeñas decisiones que podríamos tomar producen efectos a largo plazo que no somos capaces de prever, generando una especie de efecto mariposa. El resultado no se encuentra limitado únicamente a los cambios inmediatos que dependen directamente de nuestra decisión; otras personas y situaciones también pueden verse afectadas. Puede que algunos resultados hayan sido realmente impredecibles, y puede que otros sean invisibles hasta que se manifiestan. Otros, sin embargo, nos toman por sorpresa por el simple hecho de no haber pensado detenidamente sobre la situación.

De acuerdo, ya escuchaste suficiente sobre lo que *no* debes hacer, por lo tanto, ¿qué es lo que *debes* hacer? Visualizar todas las fichas de dominó, acción conocida como *pensamiento de segundo orden*.

Esto no consiste en más que intentar predecir y extrapolar las distintas consecuencias que podrías emplear para un análisis de costo-beneficio sobre tus decisiones y soluciones. En lugar de limitarte a sentirte satisfecho con comprar un nuevo apartamento, piensa en lo que implicaría para tu crédito bancario, deuda, y capacidad de tener un perro gigantesco a futuro. En lugar de decolorarte el cabello todas las semanas, piensa en que tu calva ha estado aumentado por efecto del intenso decolorante y que pronto podrías necesitar un peluquín.

Así es, el pensamiento de segundo orden tiene el efecto habitual de hacerte reconsiderar tus acciones y eliminar las decisiones impulsivas, lo que se logra tras reflexionar sobre las consecuencias a largo plazo que tienen tus decisiones. Es la acción de buscar la mayor cantidad de información posible para tomar una decisión moderada.

¿Cuál es la primera ficha de dominó que caerá tras una decisión? ¿Cuáles son los tres posibles resultados que podría ocasionar? ¿Y qué implicaciones tendrían? Simplemente, debes analizar más allá de las situaciones obvias. Por el contrario, piensa en la mayor cantidad de ramificaciones a largo plazo que puedas. ¿Cómo afectará tu decisión la caída de otras fichas de dominó? Si derribas esta ficha, ¿qué otras no podrás derribar por cuestiones de tiempo o esfuerzo (costo de oportunidad)?

El famoso inversor Howard Marks explica una forma muy sencilla en la que este concepto puede aplicarle a la vida cotidiana:

> Podemos encontrar un excelente ejemplo en el concurso hipotético que propuso John Maynard Keynes en 1936. A los lectores de un periódico se les mostraban 100 fotografías y se les pedía

que eligiesen a las seis chicas más atractivas, siendo premiados los lectores que elegían a las chicas más votadas. Los participantes ingenuos intentarían salir victoriosos al elegir a las chicas más atractivas. **Sin embargo, toma en cuenta que el concurso premiaba a los lectores que elegían no a las chicas más atractivas, sino a las más populares**. Por consiguiente, el método para ganar no yacía en determinar cuáles eran las más atractivas, sino predecir cuáles serían las chicas que el participante promedio consideraría como tal. Evidentemente, para lograr tal hazaña, el ganador tendría que ser una persona que aplicase el pensamiento de segundo orden (el de primer orden ni siquiera reconocería la diferencia).

Esto se puede llevar un paso más allá para considerar que otros participantes tendrían su propia opinión sobre la percepción del público. Por consiguiente, la estrategia puede extenderse al siguiente orden de pensamiento, y luego al siguiente, y así sucesivamente, donde en cada nivel se intenta predecir el resultado eventual del proceso con base en el razonamiento de otros agentes.

"No es cuestión de elegir los rostros que, a nuestro propio juicio, son los más atractivos, ni siquiera aquellos que la opinión promedio considera como tal. Hemos alcanzando el tercer nivel, donde dedicamos nuestra atención a anticipar lo que la opinión promedio espera que sea la opinión promedio. Y existen personas que, en mi opinión, aplican el cuarto, quinto y demás niveles superiores". (Keynes, *The General Theory of Employment, Interest and Money*, 1936).

Piénsalo de la siguiente manera: pocas veces ocurre algo que no desencadene una secuencia de eventos. Tu trabajo es ver más allá de la gratificación y refuerzo positivo que puedas obtener, los cuales, a decir verdad, podrían estar nublando tu juicio, y así entender lo que podría salir mal, qué tan mal podría salir, y por qué podría salir mal. ¿Y si vieses cada decisión como un evento con el potencial de derribar otras 15 fichas de dominó y proponerte a identificarlos? *Tedioso, pero informativo.*

El pensamiento de segundo orden te permite predecir todas las implicaciones que tiene una decisión. Incluso si no cambias tu decisión a raíz de lo que determines con el pensamiento de segundo orden, pensarás con detenimiento en una amplia gama de escenarios y, por consiguiente, tomarás decisiones mucho mejor fundamentadas de las que tomarías de otra forma. En ocasiones, es lo mejor que podemos hacer como personas. No podemos predecir el futuro, pero tampoco podemos descartar el pensar en él.

Si el pensamiento de segundo orden es tan grandioso, ¿por qué no todos lo aplican? Porque es difícil. Los humanos no son el mejor ejemplo de tomar la decisión correcta de forma constante. Tan solo fíjate en la dieta que seguimos y en los exorbitantes ingresos anuales que genera la industria dedicada a los productos para adelgazar. Cuestionar cómo nuestras acciones traerán consecuencias a largo plazo exige adentrarse en lo desconocido, y nos lleva a un laberinto de razonamiento que puede resultar complejo o agotador. Otras personas podrían decir que estamos "pensando de más" sobre alguna decisión o problema.

La cuestión es que el pensamiento de segundo orden te permite pensar con sensatez (al menos más que tu competencia). La mayoría del tiempo, esto resulta vital. Nadie alcanza la excelencia por tomar las decisiones obvias o aceptando las respuestas más sencillas y convenientes.

Ser capaz de predecir y prever los eventos a un nivel más profundo y visionario es el sello distintivo de una persona exitosa, y casi siempre demuestra que vale la pena un esfuerzo adicional. Adoptar este modelo mental mejorará tu toma de decisiones y evitará que pases las cosas por alto.

Con el propósito de adoptar el pensamiento de segundo orden, Howard Marks proporciona algunas preguntas de orientación.

¿Qué tanto afectará el futuro tu decisión? ¿Qué causará tu decisión aparte de un cambio en tus problemas inmediatos? ¿Qué problemas *surgirán*? ¿Se cumplirá el propósito de tu decisión?

¿Cuál crees que será el resultado? Piensa más allá de la simple resolución del problema más inmediato: si optas por un procedimiento en específico, ¿qué efecto tendrá en caso de que funcione o fracase? ¿Qué te parecen dichos resultados? ¿Cómo sería un éxito o un fracaso a medias? Esto nos lleva de forma natural a la siguiente pregunta.

¿Cuáles son las probabilidades de que tengas éxito o razón? Desde el punto de vista más

objetivo posible, ¿cuál es la probabilidad de que tu evaluación sea precisa? ¿Es realista tu predicción o se inclina un poco más hacia la fantasía o paranoia? Cada decisión está asociada a un índice de costo-beneficio. ¿Estás llamando al fracaso en mayor o menor grado?

¿Qué piensan los demás? Con suerte, contarás con al menos dos personas (preferiblemente más) que te den una opinión honesta sobre tu predicción y si creen que vas por buen camino. Aunque no deberías dejarte influenciar demasiado por la opinión popular, es provechoso saber lo que opinan de tu predicción. Se desaconseja buscar unanimidad, pues supone una distorsión de la realidad cuando se trabaja de forma individual, así que te conviene evitar esto último.

¿En qué se diferencia tu opinión a la de los demás? ¿Cuáles son las principales diferencias entre lo que piensas y lo que dicta la opinión y conocimiento popular? ¿Qué aspectos específicos de tu información son distintos, y por qué? ¿En qué se fundamentan? ¿Qué podrías estar pasando por alto? Y una vez más, esto nos lleva con naturalidad hacia el último punto.

¿Cuáles son las fichas de dominó que caen desde la perspectiva de alguien más? Independientemente de que tengas a alguien a quien plantearle tus ideas, el punto de esta última pregunta es librarte de tu propia perspectiva sesgada y ver las decisiones desde el punto de vista de alguien más. Identifica y expresa de forma constante el efecto dominó que podrían percibir los demás, y observa cómo caen las fichas desde su perspectiva. No todas las perspectivas son válidas, pero esto te brinda más información.

Recuerda, el propósito de este modelo mental es exponer e informar. No podemos deshacernos del todo de nuestro instinto de sacar conclusiones apresuradas y tomar decisiones impulsivas, pero podemos ser un poco más metódicos sobre los factores decisivos.

Este modelo mental bien pudo haber sido llamado "Ignora la Pata del Mono", pero dicha opción sonaba innecesariamente macabra. Así que, en lugar de ello, me limitaré a relatar brevemente los orígenes de la Pata del Mono y tú mismo decidirás qué nombre es más efectivo para obligarte a examinar los efectos secundarios.

La Pata del Mono es un cuento escrito por W.W Jacobs en 1902. Se trata de un hombre que encuentra una pata de mono bendita (¿o maldita?), la cual le cumplirá tres deseos. Poco sabía el hombre que, a pesar de que cada deseo sería cumplido *técnicamente* hablando, habría graves consecuencias.

Con su primer deseo, pidió $200. Al día siguiente, su hijo muere en un accidente laboral, así que la compañía entrega $200 como remuneración al padre. Con el segundo deseo, pide recuperar a su hijo. Poco después, escucha a alguien tocando la puerta, y cuando da un vistazo a través de la misma, descubre que se trata del cuerpo mutilado y descompuesto de su hijo. Temblando de horror, su tercer deseo es que su hijo desaparezca. ¡Las consecuencias involuntarias sí que importan!

MM #3: Toma decisiones reversibles

Úsalo para deshacerte de forma estratégica de la indecisión y lograr orientar tus acciones hacia una dirección en específico.

En teoría, tomar decisiones es sencillo. Algunas personas se guían por instinto, algunas por lógica, y algunas por puro egoísmo (*¿qué beneficio obtengo?*).

Dicho esto, la toma de decisiones no es nuestro objetivo; la toma de decisiones eficiente, combinada con velocidad, sí. Para mejorar la segunda parte (velocidad), tenemos que entender el modelo mental que nos permite distinguir entre decisiones reversibles e irreversibles, y cómo nos ayuda a pasar a la acción con mayor premura.

Uno de los principales motivos que nos impiden actuar es la ansiedad que genera el aparente carácter definitivo de las decisiones. Estamos condicionados a pensar que no hay vuelta atrás, y a ser "hombres/mujeres de palabra".

Para ser franco, este enfoque está completamente errado y te hará quedarte en el banquillo por más tiempo del necesario. No todas las decisiones son definitivas. Algunas, de hecho, pueden retractarse. La mayoría son completamente modificables, y abordar las decisiones desde dicha perspectiva te hará pasar a la acción en la mayoría de casos. Por ejemplo, ¿te sientes más cómodo comprando un auto con la modalidad de "venta definitiva" (irreversible) o con una garantía de reembolso total (reversible)? ¿Y qué tal pintar el baño (reversible) o construir uno nuevo (irreversible)? ¿Qué hay de rasurar al gato (irreversible) o teñirle el pelaje (reversible)? Las circunstancias con las que te sentirías más cómodo de realizar una acción inmediata son más reversibles por naturaleza.

Ser capaz de distinguir entre decisiones reversibles e irreversibles es una de las claves para desarrollar mayor velocidad. Agrégale esto a tu análisis para tomar decisiones: *¿Cómo puedo lograr que esta decisión sea reversible, y qué me costaría? ¿Puedo hacerlo?* Y posteriormente, hazlo.

Sin embargo, saber la diferencia también te brinda mucha información que sería imposible obtener de otra forma.

Esto se debe a que la acción, por lo general, te dará mucha más información que realizar un análisis *a priori*. Cuando compras un auto, es probable que lo hagas sin saber cuál será el verdadero desempeño que tendrá al usarlo a diario. Si tuvieses una garantía de reembolso total, comprarías el auto al instante y obtendrías información de primera mano sobre el desempeño que tiene. Posteriormente, dependiendo de lo satisfecho que estés, puedes revertir la decisión o no; en cualquier caso, estarás bien informado y seguro de la decisión que tomes. No diferenciar entre lo reversible e irreversible te hace más lento e ignorante.

Revertir una decisión pocas veces significa retractarte; es una mera cuestión de ajustar tu posición tras la obtención de nueva información. Sería tonto no hacerlo. Por lo tanto, *toma más decisiones reversibles*. No importa si tienes razón o no, pero no pierdes nada, obtienes información, y si resulta que tu decisión fue la correcta o la más eficiente, habrás obtenido una enorme ventaja. En el peor de los casos, volverás a la posición en la que estabas originalmente, lo cual no es tan negativo.

Aquellos que pierden la cabeza por una decisión reversible no hacen más que perder tiempo valioso, retrasarse, y usar información incompleta. El arquitecto Wernher Von Braun dijo al respecto: "Una buena prueba tiene el mismo valor que mil opiniones de expertos".

Saber la diferencia entre decisiones reversibles e irreversibles puede dictaminar el ritmo y velocidad de tu vida. Si optas por las decisiones reversibles, te mantendrás en constante movimiento y aprendizaje. No estás analizando en exceso o sufriendo de parálisis del análisis. No eres el *asno de Buridan*, el lúgubre asno que se debatía entre dos pacas de heno y murió de inanición a raíz de su indecisión y análisis excesivo. Esto podría no hacerte cambiar de opinión sobre las decisiones irreversibles, pero, en cualquier caso, dichas decisiones no deberían ser apresuradas. En cualquier otro contexto, no tienes nada que perder y mucho que ganar.

Jeff Bezos, el fundador de Amazon.com, quien cada día se parece más a Lex Luthor y, al momento de escribir este libro, es el hombre más rico del planeta, clasificó ambos tipos de decisiones a su manera.

Las decisiones de "tipo 1" son irreversibles. Son esas decisiones trascendentales que no podemos echar atrás. Las decisiones de "tipo 2" son reversibles, y aunque Bezos desaconseja abusar de ellas por el riesgo de desarrollar una actitud impulsiva, aplicadas con prudencia nos brindan más libertad para actuar con presteza.

En cuanto a las consecuencias negativas de confundir ambos tipos, señala:

> A medida que las empresas crecen, parecen desarrollar tendencia a usar el proceso tipo 1 para tomar la mayoría de decisiones, incluyendo muchas decisiones que deberían ser de tipo 2. Este enfoque genera lentitud, un miedo exagerado a tomar riesgos, inexperiencia, y, por consiguiente, menor creatividad. Tenemos que buscar la manera de contrarrestar dicha tendencia. Además, abordar todas las situaciones con la misma actitud terminará siendo un simple obstáculo más. Nos esforzaremos en evitarlo... al igual que cualquier otro problema típico de las grandes empresas que podamos identificar.

Bezos concuerda con nosotros respecto a lo conveniente que resultan las decisiones reversibles. Es lo que percibe como el sello distintivo de una empresa inteligente, y probablemente se lamenta de que todas las decisiones en una empresa de envergadura como Amazon.com se sientan relativamente pesadas e irreversibles.

Hay una advertencia importante respecto a la toma de decisiones reversibles: podrían inspirar más posibilidades y darte más flexibilidad, pero no deben dejar de estar basadas en hechos, y no en predicciones infundadas, deseos, o emociones excesivas. Las decisiones reversibles funcionan cuando son realistas y se encuentran sustentadas por datos o precedentes. Incluso si estás tomando una decisión que puedas revertir, es mucho más sencillo cambiar de rumbo si la decisión se encuentra fundamentada en algún tipo de información demostrable o probada.

Tal como se mencionó anteriormente, la toma de decisiones en sí no es una tarea compleja. Sin embargo, si queremos tomar la mejor de las decisiones, podemos usar las decisiones reversibles sin temor alguno para obtener exactamente el conocimiento que buscamos.

MM #4: Adopta el enfoque de la "satisficiencia"

Úsalo para cumplir con las prioridades e ignorar lo irrelevante.

Satisficiencia *sí es* una palabra inventada, pero no por mí. Supongo que eso significa que podría ser una palabra real.

El siguiente modelo mental para tomar decisiones se enfoca en aumentar la velocidad concentrándonos únicamente en lo que necesitamos. Al hacerlo, probablemente nos percataremos de que *necesitamos* muchas menos cosas de las que creímos al principio, y que nuestros deseos se camuflan como necesidades.

La palabra *satisficiencia* es una combinación de *satisfacción* y *suficiencia.* Es un término acuñado por Herbert Simon en la década de 1950, y supone una alternativa práctica para aquellos que buscan aprovechar al máximo el beneficio obtenido de una decisión. Resulta que la mayoría de nosotros se divide en dos categorías en cuanto a la toma de decisiones: *satisficientes* y *maximizadores.*

El maximizador es alguien que te podría resultar conocido. Quiere todo lo que sea posible, y no se detendrá hasta conseguirlo. Su perfeccionismo resulta frustrante, y tomar una decisión siempre le consume todo el tiempo a su disposición. Incluso entonces, dudará de sí mismo y se arrepentirá de la decisión tomada. La persona satisficiente, por otro lado, puede determinar con mayor exactitud lo que realmente importa y concentrarse en dicha actividad. Toma asiento, cumple con su deber, y sigue con su día.

Supongamos que quieres comprar una bicicleta nueva.
El maximizador se pasaría horas investigando su decisión y evaluando la mayor cantidad de opciones posible. Querrá comprar la opción que mejor se adapte a sus necesidades e investigará cada rincón hasta encontrarla. Este tipo de persona busca una satisfacción total, a pesar de la ley de los rendimientos decrecientes (lo poco que se obtiene de invertir tantas horas

de investigación). Los neumáticos deben ser de una marca específica, el cuadro debe tener cierta proporción de metal y plástico, y los frenos deben ser de un color en particular. Además, quiere todo esto al menor precio del mercado. Esto tendría sentido si el maximizador fuese un ciclista profesional que participase con frecuencia en competencias internacionales, pero en este caso no es más que un pasatiempo de fin de semana.

El maximizador quiere tomar decisiones *perfectas*. Por lo general, esto resulta imposible, e incluso si el maximizador siente que finalmente alcanzó su escurridizo objetivo (tras horas de deliberación e introspección), probablemente no tardará en volver a sentirse insatisfecho porque será incapaz de dejar de imaginar mejores resultados.

Por otro lado, el satisficiente solo busca estar satisfecho y encontrar una opción lo suficientemente efectiva para sus propósitos. Busca algo lo suficientemente bueno como para sentirse satisfecho y complacido, pero no siente la necesidad de saltar de alegría o euforia. Cualquier opción bastará, siempre y cuando cumpla con sus propósitos y necesidades en general. En otras palabras, busca algo que sea lo *suficientemente bueno* y se detiene en cuanto lo encuentra. A ciencia cierta, ¿qué necesita una bicicleta? Dos ruedas, un cuadro que cumpla su propósito, un asiento lo suficientemente cómodo, y frenos funcionales. Todo lo demás es negociable y de poco interés para la persona satisficiente.

Podría parecer que estoy restándole complejidad a las bicicletas, pero te aseguro que no es así. Lo que interesa es que este modelo mental reconoce la mayoría de factores, pero decide ignorarlos porque son prescindibles y, por consiguiente, no tienen impacto alguno en lo satisfactorio o adecuado que podría resultar un resultado. Dichos factores van mucho más allá.

La maximización representa un problema para la sociedad actual, pues aunque hoy en día existen mayores posibilidades de obtener lo que se desea, también existe la paradoja de la elección, la cual imposibilita sentirse satisfecho. En la práctica, *sí hay* decisiones que deberíamos esforzarnos en aprovechar al máximo. Sin embargo, son contadas.

Estamos inclinados a tomar decisiones basándonos en un "por si acaso", un "eso me gustaría" o un "seré la envidia de todos". Solemos perder tiempo en lo que no importa y jamás lo hará.

Las mejores decisiones son aquellas que tomamos al elegir la opción más confiable y honesta. Supongamos que estás en el supermercado e intentas elegir el tipo de mantequilla de maní que quieres. ¿En qué deberías basar tu decisión? ¿En el enfoque satisficiente o maximizador? Obviamente, deberías limitarte a elegir una mantequilla de maní que cumpla con dos o tres de tus parámetros generales. Es probable que cualquier beneficio neto que te pueda brindar el haber elegido la mejor mantequilla de maní no valga el esfuerzo adicional que te llevará conseguirla.

No obtendrás beneficio alguno al sacarle el máximo provecho a tu elección de mantequilla de maní, y este hecho aplica al 99 % de nuestras decisiones cotidianas. De lo contrario, nos sentiremos agobiados con frecuencia y desperdiciaremos nuestra capacidad mental al maximizar cosas que no valen la pena, y donde la ley de los rendimientos decrecientes se manifiesta de forma contundente.

El concepto de *satisficiencia* se ve reflejado en un planteamiento que recibe distintos nombres: la *regla del 37 %* o el *problema de la secretaria*. Este plantea una oficina hipotética que está conduciendo entrevistas para la posición de secretaria, y hay 100 candidatas a ser entrevistadas. Sin embargo, tras las primeras 37, ya entiendes la diversidad de las candidatas y lo calificadas que podrían o no podrían estar. Básicamente, no entrevistarás a nadie con características distintas a las que ya has visto; la existencia de un caso extraordinario con características perfectas es muy poco probable o imposible.

Tras entrevistar únicamente al 37 % de los posibles candidatos, la regla nos indica detener el proceso y tomar la decisión de una vez por todas, pues ya vimos lo que había por ver y ya sabemos lo que necesitamos tanto para sentirnos satisfechos como para sentir que el candidato cumple con suficientes aptitudes para desempeñar el cargo. Por supuesto, esta es la zona *satisficiente*. Adopta este modelo mental para ahorrar tiempo y delimitar lo que realmente quieres.

Un método sencillo para priorizar el enfoque satisficiente y evitar la tentación involuntaria de optar por la maximización (desperdiciar demasiado tiempo en algo irrelevante) es establecer límites personales. No se trata de limitar la investigación, sino lo que estás buscando.

Por ejemplo, si vas a comprar una chaqueta nueva, una delimitación útil sería concentrarse en las chaquetas de algodón, de color azul marino y que se ajusten a cierto presupuesto. Esto reduce el alcance de la búsqueda con base en requisitos predeterminados. Te permite descartar opciones rápidamente y a la vez te hace saber que el final del proceso será satisficiente.

Durante el proceso de delimitación, un paso lógico sería establecer de antemano una *elección predeterminada* si no logras tomar una decisión dentro de un margen de tiempo establecido. El acto de crear la elección predeterminada es importante porque elegirás automáticamente algo que se adapta a tus requisitos o deseos. En otras palabras, cualquier resultado te hará sentir satisfecho.

En muchos casos, la elección predeterminada es la que siempre pensaste y que probablemente ibas a tomar, a pesar de que no te sentías muy convencido y te cuestionabas una y otra vez. Realizas el ejercicio mental de elegir una opción "predeterminada" con la idea de que el resultado final podría ser el mismo.

MM #5: No te excedas del 40–70 %

Úsalo para alcanzar el equilibrio entre la información y la acción.

Un famoso comediante tiene una opinión muy inteligente en cuanto al tema de combatir la indecisión: "Mi regla es que si tienes a alguien o algo con 70 % de aprobación, debes hacerlo sin más, por el motivo que explico a continuación. El hecho de descartar las demás opciones aumenta de inmediato el nivel de aprobación de tu elección a 80 %, porque ya habrás superado la molestia de tener que decidir".

Esto guarda una similitud sorprendente con lo que el antiguo Secretario de Estado de los Estados Unidos, Colin Powell, tiene que decir al respecto. Powell tiene un modelo mental para tomar decisiones y pasar a la acción no antes de lo necesario, pero tampoco después.

Señala que cada vez que te enfrentes a una decisión difícil, deberías tener *no menos* del 40 % y *no más* del 70 % de la información que necesitas para tomar dicha decisión. Dentro de ese margen, tienes suficiente información para tomar una decisión bien fundamentada, pero no tanta como para perder la determinación y mantenerte al margen de la situación. Esto te hace ser más rápido que las personas mejor "informadas" y estar mejor informado que las personas "rápidas". En cierto sentido, es lo mejor de ambos extremos.

¿Cómo se le ocurrió a Powell este modelo mental para vencer la indecisión? Sostenía que tener menos del 40 % de la información necesaria sería básicamente como improvisar. No tienes suficientes datos para avanzar y probablemente cometerás muchos errores. Estás sacrificando todo en favor de la *velocidad*.

Por el contrario, si buscases más del 70 % de lo que crees necesitar (y es poco probable que necesites algo más allá de dicho nivel), te sentirás abrumado, lento e indeciso. Puede que hayas perdido la oportunidad y alguien se te haya adelantado. Estás sacrificando todo en favor de la *certeza*.

En realidad, estás cometiendo el error de buscar el 100 % de la información e idear un plan infalible. Muchas personas que se fijan dicho objetivo no se percatan de estar buscando algo inexistente y que no representa más que un obstáculo. Muchos se dedican a realizar análisis e investigaciones excesivas que se convierten en procrastinación, así que es necesario establecer una cantidad de información que nos haga sentir incómodos.

Sin embargo, en ese punto ideal entre 40 y 70 % de información, tienes más que suficiente para avanzar, y tu intuición puede cubrir cualquier falta de datos.

Para este modelo mental, podemos reemplazar la palabra "información" con básicamente cualquier otra cosa: 40-70 % de lectura o aprendizaje, 40-70 % de confianza, 40-70 % de planificación, etcétera. Dentro del nivel más bajo, estarás lo suficientemente preparado para dar al menos el primer paso. Toma en cuenta que *mientras* ejecutas la decisión, también obtendrás información, seguridad en ti mismo y conocimiento que pueden impulsarte a un mayor nivel de certeza. No son decisiones del todo reversibles, pero tomar acciones con presteza suele tener menos desventajas que no hacerlo.

Aplica este modelo mental limitando de forma consciente el consumo de información e incluso generalizando más de lo normal (esto significa prestar menos atención a los detalles asociados a tus opciones). Ignora a conciencia la zona gris y evita racionalizar o justificar afirmaciones mediante comentarios como "Pero..." o "Eso no *siempre* es así...".

La idea es concentrarse únicamente en la información general y en cómo te afecta. Supongamos que intentas decidir en qué restaurante cenar. ¿Cómo puedes pensar de forma más dicotómica en casos como este?

Generaliza tus opciones de restaurantes en términos de cómo los clasificarías en una sola frase. El Restaurante A es un local de hamburguesas, a pesar de que el menú incluye cinco platillos más aparte de hamburguesas. No importa; en términos dicotómicos, es un local que vende hamburguesas. Limitar el flujo de información te mantendrá de forma natural dentro del rango de 40-70 % y te hará avanzar más rápido que nunca.

MM #6: Reduce el arrepentimiento

Úsalo para consultar a tu "yo" del futuro sobre tus decisiones.

Una vez más, Jeff Bezos nos ilustra en el ámbito de la toma de decisiones. Es evidente que uno de los hombres más ricos del planeta tendrá algunos ases bajo la manga que le ayudaron a alcanzar su posición actual.

Este es el modelo mental que consiste en evitar los arrepentimientos y hacer que el *arrepentimiento* sea el elemento central de nuestro cálculo a la hora de tomar decisiones.

En el pasado, Jeff Bezos se topó con un dilema en el que tuvo que tomar algunas decisiones personales que no fueron nada sencillas. Inventó un concepto que denominó "sistema de reducción de arrepentimiento" ("Solo un nerd lo llamaría" de esa forma, bromeó Bezos).

El concepto del sistema de reducción de arrepentimiento es bastante sencillo. Bezos se brindó tres directrices mentales muy sencillas:

1. Visualízate con 80 años.

2. Imagínate rememorando el pasado a esa edad, tomando en cuenta que quieres sentir el menor arrepentimiento posible.

3. Pregúntate: "En X años, ¿me arrepentiré de haber hecho esto (o de *no* haberlo hecho)?

Este modelo mental elimina la vorágine emocional a corto plazo y nos obliga a poner las cosas en perspectiva. Cuando te imaginas con 80 años, de pronto resulta más claro lo que importa y lo que no. El arrepentimiento es un factor importante que podría decirte más que todas las emociones positivas del mundo.

También te obliga a pensar en el futuro que realmente deseas, y no en el futuro al que te diriges actualmente. Primero, debes determinar lo que quieres lograr en la vida, y posteriormente podrás adaptar tus decisiones en consecuencia.

Para Bezos, la respuesta se hizo evidente de inmediato: si no tomaba la iniciativa y se unía a la revolución de internet, se arrepentiría al llegar a los 80. Se arrepentiría de no haber desarrollado su idea de vender libros por internet. Sabía que *no* se arrepentiría de fracasar, pero *sí* que se arrepentiría de no haberlo intentado.

Cuando Bezos planteaba su dilema de esa forma, la decisión era casi automática. Renunció a un empleo bien remunerado en un fondo de cobertura (renunciando incluso a la bonificación anual), se mudó a Seattle y comenzó a dirigir Amazon desde su garaje.

El modelo mental de Bezos es aplicable a casi cualquier empresa, desde la más pequeña hasta la más grande. Piensa en algo que no paras de repetir que "quieres hacer", y que sueles *ser capaz* de hacer sin mucha dificultad, pero que por algún motivo no lo haces.

Quieres abrir un blog, pero no crees tener suficiente talento como escritor. Quieres participar en el Maratón de Boston, pero no crees ser capaz de ponerte en forma. Un amigo te invita a hacer paracaidismo, pero la idea te aterra. Sin embargo, tu supuesta falta de habilidad o valentía no es el problema. Puedes negociar contigo mismo en cuanto a dichos temas. Pero si te limitases a preguntarte: "En X años, ¿me arrepentiré de haber hecho esto (o de *no* haberlo hecho)?", obtendrías una clara respuesta sobre qué hacer a continuación.

Apliquemos el concepto a mayor escala (una más propia de Bezos).

Supongamos que tienes la idea de ayudar a construir instalaciones médicas en un lejano país del tercer mundo. La idea te resulta atractiva en términos de impacto social, pero te genera ansiedad tener que alejarte de tu hogar durante un año y vivir en un lugar donde podrías no entender el lenguaje, la cultura, o a las personas. Todos estos factores carecen de relación alguna con el arrepentimiento; ¿te arrepentirás de no haberte arriesgado? Todo indica que sí. Esto implica que dicha acción es importante para la imagen que quieres tener de ti mismo. Esta es una motivación por la que generalmente vale la pena arriesgarse.

Moralejas:

- Los modelos mentales son esquemas que podemos aplicar en diversos contextos para entender lo que ocurre a nuestro alrededor, interpretar la información de forma adecuada y entender el contexto. Nos proporcionan resultados predecibles. Una receta es la forma más básica de un modelo mental; cada ingrediente tiene un rol, tiempo y lugar. Sin embargo, una receta no es aplicable a contextos ajenos al gastronómico. Por lo tanto, nos vemos en la necesidad de aprender una amplia gama de modelos mentales (o un entramado, como lo expresa Charlie Munger) para prepararnos ante cualquier eventualidad. No podemos aprender el modelo específico para cada situación, pero *podemos* encontrar algunos que sean aplicables de forma universal. En este capítulo, comenzamos con los modelos mentales para tomar decisiones más rápidas e inteligentes.

- Modelo Mental #1: Aborda lo "importante"; ignora lo "urgente". Son dos elementos completamente distintos que solemos mezclar. Lo importante es lo fundamental, incluso si el beneficio o la fecha de entrega no son tan inmediatos. Lo urgente se refiere únicamente a la velocidad de respuesta deseada. Puedes usar fácilmente una matriz de Eisenhower para aclarar tus prioridades e ignorar las tareas urgentes, a menos que también resulten ser importantes.

- Modelo Mental #2: Analiza el efecto dominó. Somos una especie con poca visión de futuro. En términos de consecuencias, solo vemos lo que está frente a nuestras narices, y por lo general solo nos fijamos en las repercusiones personales. Tenemos que adoptar el pensamiento de segundo orden y visualizar todas las fichas de dominó que podrían estar desplomándose. De lo contrario, no estaríamos tomando una decisión bien fundamentada.

- Modelo Mental #3: Toma decisiones reversibles. La mayoría lo son; algunas no. Sin embargo, no nos ayuda en nada asumir que todas son irreversibles, pues esto nos mantiene en un estado de indecisión por demasiado tiempo. Orienta tus acciones hacia la toma de decisiones reversibles, pues no hay nada que perder y solo información y velocidad que ganar.

- Modelo Mental #4: Adopta el enfoque de la "satisficiencia". Esta es la combinación de satisfacción y suficiencia, y tiene como objetivo tomar decisiones que sean lo suficientemente buenas, adecuadas y que cumplan su propósito. Esto supone un evidente contraste con aquellas personas que buscan aprovechar al máximo sus decisiones añadiéndoles detalles "por si acaso" y porque "suenan bien". Los que buscan el máximo beneficio intentan tomar la decisión perfecta. Esta no existe, así que suelen quedarse de brazos cruzados.

- Modelo Mental #5: No te excedas del 40-70 %. Esta es la regla de Colin Powell. Toma una decisión con al menos 40 % de la información necesaria, pero no más de 70 %. Menos de eso sería improvisación; más de eso y estarías perdiendo el tiempo. Puedes reemplazar "información" con casi cualquier otra cosa, y entenderás que este modelo mental gira en torno a incentivar las decisiones rápidas, pero bien fundamentadas.

- Modelo Mental #6: Reduce el arrepentimiento. Jeff Bezos desarrolló lo que él denomina como el "sistema de reducción de arrepentimiento". En este sistema, se nos pide que nos visualicemos como octogenarios y nos preguntemos si nos arrepentiríamos de tomar (o no) una decisión. Esto simplifica las decisiones al evaluarlas con un único criterio: el arrepentimiento.

Capítulo 2. Cómo obtener una mejor perspectiva

Generalmente, los prismáticos resultan útiles. Permiten enfocar y aclarar aquello que de otra forma no sería más que un elemento amorfo. Nos brindan información de un mundo que nos resulta completamente desconocido: la vida de las aves en las copas de los árboles de la selva, lo que hace una ardilla para conseguir más bellotas, o la estructura gaseosa de algunos planetas del sistema solar.

Y aun así, el uso de prismáticos nos impide ver lo que está más cerca de nosotros y al alcance de nuestras manos. Al usar prismáticos, tienes dos opciones: ver el bosque (el panorama completo) o los árboles (los detalles más específicos), pero no ambos a la vez.

En general, ver ambos elementos es una hazaña ridículamente difícil de lograr. Tienes que vencer la tendencia de tu cerebro a sacar conclusiones apresuradas y atar los cabos sueltos, al igual que enfrentar el hecho de que cuando te concentras en un elemento en específico, será inevitable ignorar alguna otra cosa. Incluso si prestamos mucha atención, no siempre podemos depender de lo que vemos o escuchamos para que nos proporcione una imagen completa de la situación.

En ocasiones, no obtenemos toda la información; siempre hay un elemento que *no podemos* ver o escuchar y que podría ser el causante de todos los demás eventos. En ocasiones, dependemos de la historia de un tercero que podría tener intenciones ocultas para explicar los eventos de una forma en específico. Además, nosotros también tenemos nuestras *propias* ideas y prejuicios inherentes que podrían hacernos interpretar las cosas a tal punto que nuestro juicio se vuelva impreciso o incorrecto.

Por naturaleza, los humanos no pensamos o interpretamos de forma objetiva. En cuanto lo entendamos, podremos tomar acciones más efectivas para prevenirlo. Este capítulo aborda la necesidad de percibir el mundo *tal y como es*, algo que resulta complejo incluso para las personas más perceptivas. Los siguientes modelos mentales te ayudarán a ver más allá de las distracciones y realidades artificiales del día a día, de manera que puedas acercarte lo más que puedas a la verdad.

Resulta más útil de lo que crees. Por ejemplo, hay un refrán que dice que si deseas mudarte a un lugar desconocido, deberías visitarlo durante todas las estaciones del año o al menos durante las más intensas (verano e invierno). No sería inteligente emitir una opinión y tomar la decisión con base en los cinco días que pasaste allí, donde casualmente se vivió el mejor clima de los últimos 10 años.

Cualquier situación u objeto, independientemente de lo inalterable o permanente que parezca, está sujeto a cambio de acuerdo a los eventos o condiciones externas. Si solo has ido a Chicago en verano, podrías llegar a pensar que es un lugar húmedo y caluroso, y lo es (pero durante el verano). Sin embargo, tal como podría confirmarte cualquier persona que haya vivido una tormenta de nieve en Chicago, durante el invierno es un lugar completamente distinto. Sí que hay algunos días de clima moderado y agradable, pero si esa es tu expectativa, te llevarás una decepción tremenda.

Cuando se trata de información, menos *no* es más. No cuesta nada sentirse saturado y abrumado por la información, sin mencionar las interpretaciones y explicaciones que los demás le dan a la misma. Sin embargo, no hay nada como tener la mayor cantidad de información y conocimiento posible.

Esta mentalidad en general te incentiva a obtener la mayor cantidad posible de información sobre un tema en diversos contextos, entornos y condiciones. Contar con toda esta información evita que saques conclusiones apresuradas, hagas conjeturas sin fundamento, y realices predicciones incorrectas; acciones que debes evitar para tomar mejores decisiones.

Para desarrollar un punto de vista más amplio e integral de cualquier situación, dividiremos este modelo mental general en tres modelos más específicos.

MM #7: Ignora los "cisnes negros"

Úsalo para entender que las excepciones no deberían cambiar tu punto de vista.

Casi hasta el inicio del siglo 18, en el mundo occidental (que en aquella época, básicamente, hacía referencia a Europa) se tenía la creencia de que todos los cisnes eran blancos. Su razonamiento era sencillo: nunca habían visto un cisne *que no fuese* blanco. Ya que nunca habían visto cisnes de otro tono o color, no tenían motivos para creer que existían. Ni siquiera se les ocurrió.

Sin embargo, en 1697, el explorador holandés Willem de Vlamingh viajó a Australia, una región que los europeos no habían comenzado a explorar hasta 1606; seguía siendo una tierra relativamente nueva para ellos. Mientras exploraba lo que hoy en día se conoce como Río Swan ("cisne", en español) cerca de donde hoy se ubica la ciudad de Perth en Australia Occidental, de Vlamingh y su tripulación vieron lo que ningún otro europeo había visto hasta entonces: cisnes negros (y *muchos*). Su descubrimiento tuvo un gran impacto, modificando muchas de las creencias en el ámbito de la zoología que partían de la premisa de que todos los cisnes eran blancos.

Adiós a siglos de supuesto conocimiento, y bienvenida sea la prueba irrefutable de nuestro error. ¿Y si existían cisnes con cada uno de los colores del arcoíris? ¿Qué implicaba este descubrimiento para el hombre? ¿Cuáles eran las implicaciones trascendentales de haber descubierto un cisne negro?

El estadístico Nassim Nicholas Taleb adaptó este fragmento histórico para formular la teoría del "cisne negro". Taleb usa el cisne negro como metáfora para describir los eventos impredecibles que generan un cambio considerable en la percepción, perspectiva y entendimiento. Y aun así, en su definición, un cisne negro es algo que *no* debería cambiar la percepción o el conocimiento universalmente aceptado, debido a que este supone una anomalía. Podría simplemente hacernos entender las distintas posibilidades que existen, sin embargo, la mayoría de cisnes negros no merecen ser tomados en cuenta en la vida cotidiana. Quizá solo signifique que los cisnes pueden ser blancos o negros, y las creencias en el ámbito de la zoología no tienen que ser replanteadas por completo.

Como ejemplo breve, enterarse de que un rayo cayó en un árbol cercano podría resultar aterrador, y podría incentivarte a instalar un sistema de puesta a tierra en toda la casa. Sin embargo, ¿un evento tan extraordinario como ese debería impulsarte a cambiar tu estilo de vida, a evitar que salgas cuando esté lloviendo, a llevar un escudo de metal 24/7, o a mudarte a una parte del mundo con poca o nula precipitación como el desierto? ¿Significa que deberíamos mudarnos bajo tierra y vivir como hombres topo? No, un evento así no debería tener tanta influencia.

En una escala global, eventos como la caída del Muro de Berlín, el asesinato de una figura pública, y la tragedia del 9/11 podrían ser considerados como cisnes negros. En un plano más personal, podrían incluirse eventos como la clausura repentina de una fábrica, una compañía local siendo comprada por un conglomerado de renombre, un divorcio, el allanamiento de una casa; cualquier cosa que afecte y suponga un cambio drástico en nuestra manera de ver el mundo. Sin lugar a dudas, hay un impacto. Sin embargo, ¿qué tanta importancia deberíamos darle a estos acontecimientos extraordinarios?

Independientemente de lo inquietantes, drásticos y cataclísmicos que puedan ser los eventos considerados como cisnes negros, el impacto que tienen en nuestras creencias o perspectivas en general *puede* llegar a ser sobreestimado. Debido a la naturaleza humana, incluso se podría intentar validar un cisne negro y justificarlo *a posteriori*: "Bueno, pensándolo bien, todas las señales apuntaban a ello y debimos haberlo previsto". Esta actitud tiende a modificar nuestra creencia y punto de vista.

Y esto es un problema, pues independientemente de lo devastador o abrumador que pueda resultar un evento considerado como cisne negro, *no deja de ser* una irregularidad o anomalía. Los eventos considerados como cisne negro no son "lo normal". Muchos no ocurren más de un par de veces en la vida. Sin embargo, su naturaleza impactante, y en ocasiones catastrófica, puede incitarnos a alterar, distorsionar o tergiversar nuestro conocimiento, creencias y forma de ver el mundo. El poder de un cisne negro puede resultar devastador, ¿pero realmente justifica la importancia que le atribuimos?

Taleb señala que un cisne negro se compone de tres elementos.

Te deja con la boca abierta. El suceso o evento en cuestión debe ser completamente impredecible. No hay forma de que el observador lo haya previsto.

Tiene un efecto trascendental. El evento en cuestión debe tener algún tipo de resultado notable o trascendental, bien sea físico, estructural o emocional.

La gente intenta justificarlo a posteriori. Cuando el evento considerado como un cisne negro ocurre por primera vez, las personas afectadas podrían dedicarse a buscar "señales que pasaron alto" o intentar explicar en retrospectiva por qué se debió haber previsto que ocurriría dicho evento en primer lugar.

Este tercer elemento es el que resulta problemático. Un cisne negro puede tener un impacto tan universal, y por lo tanto traumático, que podría generar una reforma a gran escala de las creencias o políticas personales. Sin embargo, un cisne negro sigue siendo un caso poco común, sobre todo cuando se trata de un rayo salido de la nada que no pudo haber sido previsto de forma alguna. Atribuirle demasiada importancia a un cisne negro, permitir que genere cambios radicales que no existían antes de que el evento ocurriese, carece de sentido alguno.

Este modelo mental gira en torno a ver más allá del impacto del cisne negro, ampliar la perspectiva y apreciar la situación en su conjunto. No permitas que la posibilidad de una tormenta eléctrica te haga mudarte al desierto. Permitir que te afecten los eventos considerados como un cisne negro implicaría el detrimento de tus creencias, al igual que un considerable costo de oportunidad.

Cuando ocurra un evento trascendental (a nivel personal o profesional), tómate un momento para considerar que podría tratarse de un cisne negro que, aunque no deja de ser importante, no es muy informativo ni establece las pautas de un tema en específico. No organices toda tu estrategia en torno a la posibilidad de un cisne negro; a menos que trabajes para la Agencia Federal para el Manejo de las Emergencias (FEMA, por sus siglas en inglés), los desastres no formarán parte de tu vida cotidiana.

Permítete *pensar* en el peor de los casos. Sin embargo, posteriormente vuelve a poner los pies sobre la tierra. ¿Es siquiera posible que vuelva a ocurrir este evento? ¿Qué tan extraordinario fue? ¿Podemos siquiera tomar medidas razonables contra él? ¿Debería cambiar nuestra forma de actuar a raíz de un evento inevitable que ocurre de vez en cuando? Si los rayos impactarán un par de veces por década, ¿vale la pena acondicionar tus alrededores en previsión a ello? En otras palabras, ¿deberías dejar de conducir porque escuchaste que un conocido tuvo un accidente?

La planificación estratégica siempre buscará entender los factores de riesgo, pero también debe saber cómo abordarlos. La vida está llena de riesgos; los tomamos todos los días al cruzar la calle. Sin embargo, la vida sigue. No deberías vivir tu vida sintiendo temor de un cisne negro, pero puedes y debes dedicar algunos minutos a pensar en la posibilidad de que ocurran y las acciones que te verías obligado a tomar.

Si analizas los cisnes negros desde una perspectiva más amplia, notarás que intentamos encontrar un patrón predecible en lo que, a decir verdad, no es más que un conjunto de eventos fortuitos. Este es un fenómeno conocido como la falacia del apostador, la cual recibe su nombre en honor a aquella sensación que se produce al tirar un par de dados y sentir que, tarde o temprano, obtendrás un siete porque *no ha ocurrido en cierto tiempo* o porque *es hora de que lo haga.*

Ignora el hecho de que esto no tiene sentido desde el punto de vista estadístico o probabilístico; estás intentando crear orden en algo que es imposible de controlar. La falacia del apostador es la noción de que solo porque X ocurrió, Y debería ocurrir, X no debería ocurrir o X debería volver a ocurrir. Generalmente, estos eventos no guardan relación entre sí, y esto debería garantizar que tus decisiones sean más imparciales.

La falacia del apostador representa un fenómeno más amplio conocido como *apofenia*, la cual es la tendencia que tiene el ser humano de percibir patrones y conexiones a partir de datos aleatorios, los cuales, por lo general, guardan *muy poca* relación entre sí. Este es el motivo por el que las personas ven conejos en las nubes y escenas complejas en el test de Rorschach.

MM #8: Busca el punto de equilibrio

Úsalo para encontrar patrones genuinos en la información y no dejarte engañar.

La segunda parte del presente modelo mental, que nos enseña a visitar las ciudades durante cada estación o simplemente a ver todo el panorama, se encuentra relacionada a los *rendimientos decrecientes*.

Este es un principio económico que describe como un aumento en los recursos no siempre corresponde a un aumento en el resultado deseado. En términos más sencillos, esto significa que a pesar de la euforia que podría generarte el comer una rosquilla, la intensidad de la alegría irá disminuyendo de forma drástica a medida que te acercas a la décima rosquilla. No existe una relación lineal entre aporte y resultados.

Lo que obtenemos de nuestro esfuerzo es una versión disminuida de lo que buscamos; existe un ritmo de declive natural que consiste en que mientras más recursos invirtamos en algo, menor será la retribución. En ocasiones, incluso es una relación inversa (a mayores recursos, menores resultados).

El error que solemos cometer es basar nuestras conjeturas, predicciones, proyecciones e información general en el supuesto de que los resultados siempre serán proporcionales a la inversión. Debemos ver más allá de las etapas iniciales donde todo es color de rosa y esperar el equilibrio, porque es de allí de donde deberíamos sacar nuestras conclusiones. Aunque no necesariamente haya un índice predecible para los rendimientos decrecientes, su mera existencia es predecible en general. Si no los tomas en cuenta, no estás viendo más allá de tus narices y estás distorsionando la realidad.

Si estás aprendiendo a tocar un nuevo instrumento, avanzarás a pasos agigantados al principio porque es una actividad novedosa. Es fácil pasar de desconocer el funcionamiento del piano a tocar "Estrellita, ¿dónde estás?", y esto representa una cantidad matemáticamente infinita de progreso. Sin embargo, este progreso no tardará en perder velocidad, y cada vez tendrás que esforzarte más para seguir aprendiendo. ¿Cuál será tu desempeño si tienes que mantener una lucha constante? Ese es el equilibrio donde yace tu verdadero índice de progreso.

La ley de los rendimientos decrecientes nos incentiva a buscar el punto de equilibrio para evaluar y obtener información de forma exacta. Tal como ocurre con los cisnes negros, no puedes basar tus juicios en un evento poco común o en información distorsionada.

Sin embargo, el punto de equilibrio también aplica a cuánto esfuerzo deberíamos invertir para obtener un resultado.

Generalmente, cuando decidimos realizar una mayor "inversión" en nuestro trabajo, solemos perder algo más en el proceso. Si intentas leer 900 palabras por minuto, perderás comprensión y entendimiento; dos elementos que resultan mucho más importantes para el cumplimiento de la tarea principal, que es la lectura. Si te devanas los sesos intentando aprender piano, te agotarás y comenzarás a odiarlo. Si intentas estudiar durante nueve horas seguidas, lo más probable es que no logres recordar mucho. Por lo general, no reconocer la ley de los rendimientos decrecientes resulta perjudicial.

Por lo tanto, este modelo mental tiene dos funciones: primero, analizar con mayor precisión la información relacionada a otras personas; segundo, saber cuál es tu punto de equilibro y cuándo deberías reconsiderar la cantidad de esfuerzo que estás invirtiendo al compararla con la cantidad de resultados que estás obteniendo.

Esto no significa que tus esfuerzos sean en vano; por lo general, si *no* te esfuerzas, no lograrás nada. Sin embargo, del mismo modo, esforzarte cada vez más por un objetivo no significa que tu recompensa aumentará en proporción a tus esfuerzos.

Para obtener la respuesta, tendremos que recurrir a los cuentos de la abuela: compórtate como Ricitos de Oro y encuentra una zona de satisfacción.

En el caso improbable de que no lo recuerdes, Ricitos de Oro es la niña de la popular fábula que entró a la casa de tres osos, quienes estaban de paseo, y comenzó a evaluar toda la comida y los muebles. Concluyó que la silla de papá oso era "demasiado dura", la de mamá osa "demasiado blanda", y la del bebé oso "perfecta". Otras variaciones muestran a Ricitos de Oro mostrándose quisquillosa respecto al tamaño de los tazones y al sabor de la comida.

Si ignoras el hecho de que al parecer Ricitos de Oro pensó que no tenía nada de malo allanar la casa de un animal salvaje, la moraleja de la historia es que existe una zona de satisfacción donde tu inversión y esfuerzo proporcionan una cantidad aceptable de satisfacción o resultados. Si inviertes demasiados recursos y esfuerzo, te sales de la zona (muy poca satisfacción). Si inviertes muy poco, te sales de la zona (muy poca satisfacción). Si esperas muchos o muy pocos resultados, también te sales de la zona.

Obtener una mejor perspectiva requiere de una comprensión absoluta de la ley de causa y efecto.

MM #9: Espera la regresión a la media

Úsalo para encontrar patrones genuinos en la información y no dejarte engañar (sí, otra vez).

Tal como se mencionó en la discusión de los cisnes negros, en ocasiones confundimos un suceso "extremo" o extraordinario con el punto central del plan que debemos trazar, pero, por lo general, dicho evento no es más que un caso atípico que no representa realmente cómo son las cosas. Incluso si un evento o suceso importante revoluciona nuestro mundo, no debería usarse automáticamente para adoptar una "nueva realidad". Lo más probable es que el cisne negro ni siquiera genere (o al menos no debería) un cambio radical en tu vida o en tus creencias cotidianas.

Una idea relacionada a este concepto es la de la "regresión a la media". Para aquellos a quienes no se les dan muy bien las matemáticas (como a mí), la "media" básicamente representa algo similar a un "promedio": una especie de punto intermedio que indica cierta normalidad, una especie de valor "típico". Para propósitos de este libro, "la media" se refiere al estado habitual o más común de una situación en particular.

Por ejemplo, imagina una semana de comer en familia. Probablemente, al menos cinco veces a la semana la familia come en casa. El fin de semana o en ocasiones especiales, la familia podría ir a un restaurante y comer algo más costoso que no tengan que cocinar ellos mismos. Sin embargo, eso es un caso atípico. Por lo general, comen en casa, y esa es "la media".

Puede que alguna semana vayan a un restaurante muy costoso. Tal vez se vayan de crucero por una semana y disfruten de cada comida en un transatlántico de lujo. Sin embargo, no es una actividad que puedan realizar todos los días. *Al final*, tendrán que volver a la rutina de comer en casa sin tanta parafernalia. Es la práctica habitual (la media) y, en *algún* momento, realizarán la "regresión" y volverán a adoptar dicha práctica.

Piensa en el común ejemplo de lo obsesiva y optimista que se muestra una pareja al inicio de la relación. Esto se conoce como el *período de luna de miel*, el cual desborda la energía típica de una relación que recién comienza. Sin embargo, sería un error asumir que dicha cantidad de amor y obsesión será constante durante toda la relación. No tardará en ocurrir la regresión a una cantidad normal y estable de *amor*: la *verdadera* cantidad de amor que puede preverse. Es ahí cuando sabes si la relación es más que un cóctel de hormonas.

Si eres un jugador de baloncesto y tienes un extenso historial de encestar un 40 % de los tiros, esa es la media. Si comienzas a encestar un 50 %, eso no significa que de la nada te hayas convertido en un mejor jugador, pues al final volverás a la media. Los casos atípicos que aparentan ser patrones o alteraciones pueden llegar a engañarnos.

La regresión a la media ocurre con cualquier aspecto de nuestras vidas. Si comienzas a salir con alguien nuevo, tu apartamento estará limpio y tu higiene probablemente será impecable. Y aun así, esto no representa un cambio genuino en tu conducta. A medida que la relación se alargue y te sientas más cómodo, regresarás a la media en términos de higiene y pulcritud. Si en primer lugar no había base para el cambio, las cosas simplemente volverán a la normalidad con el tiempo.

Una explicación un poco más *científica* de la regresión a la media, como fue concebida originalmente por el estadístico británico Sir Francis Galton, es que en cualquier secuencia de eventos que se vea afectada por distintas condiciones o variables (tales como el entorno, las emociones, o una mera cuestión de suerte), los eventos atípicos suelen ir seguidos de otros más típicos y ordinarios. Por lo tanto, cuando ocurre un evento anormal, atípico o poco común, es mucho más probable que no ocurra de nuevo siguiendo un patrón. En lugar de ello, el patrón que tiene muchas más probabilidades de reaparecer es el "de siempre".

Este modelo mental te incentiva a limitarte a esperar y ver cómo se desarrolla la situación. Si ocurre algo extremo, espera a que la situación vuelva a la normalidad. Si algo inesperado o impredecible ocurre, espera a ver las consecuencias. Si algo parece estar de moda, espera a ver qué ocurre cuando deje de estarlo (por ejemplo, el aparente resurgimiento de los pantalones acampanados cada par de décadas).

Recuerda, si no tenemos una base sólida para generar un cambio o suceso trascendental, la media siempre imitará las palabras de Arnold Schwarzenegger en *Terminator*: "Volveré".

Deja que se desarrolle el ciclo completo y evalúa *toda* la información que obtengas durante dicho período. No tomes medidas precipitadas ni cambies los planes tras un suceso atípico y trascendente. Al tener paciencia y esperar que las aguas regresen a su cauce, obtendrás una idea mucho más clara de cuánto ha cambiado la situación. Desde el punto de vista estadístico, probablemente no será mucho.

Visitar una ciudad durante las cuatro estaciones podría ser difícil, tedioso y demandante en términos de tiempo, pero estos tres modelos mentales no son más que el inicio de cómo recolectar información de forma adecuada y evitar verse influenciado por perspectivas cautivantes, pero incorrectas. Los "cisnes negros", los puntos de equilibrio y las regresiones a la media nublan nuestro juicio porque tienen una naturaleza más emocional que realista.

Un aspecto esencial para ver todo el panorama es entender cuando las cosas tienen o no tienen relación. Tenemos tendencia a inventar una relación de causa y efecto donde no la hay.

Existen razones psicológicas concretas para esta forma de actuar. La incertidumbre asusta a las personas. Al menos algunas veces queremos saber lo que ocurrirá a corto y largo plazo. Cuando no somos capaces de determinarlo con pruebas o datos concretos, usamos nuestros instintos, presentimientos o "corazonadas".

En ocasiones, es cierto que dichas corazonadas dan en el clavo y pueden ahorrarte muchos problemas. Sin embargo, por lo general, dichas corazonadas no generan información genuina y suelen ser una pérdida de nuestros recursos analíticos. Incluso las que resultan ser correctas se asemejan más a un reloj detenido, que por defecto muestra la hora correcta dos veces al día. Todos tenemos un golpe de suerte.

Si tenemos dicha tendencia, bien podríamos intentar asegurarnos de que sea lo más exacta y comprensible posible. Aunque no existe una forma infalible de predecir con precisión todo lo que ocurrirá en el futuro, existen varios modelos mentales que podemos usar para establecer la probabilidad de que ocurran determinados eventos, o, de forma más provechosa, prepararnos para cualquier posible resultado. No nos permiten predecir el futuro, pero sí que nos incentivan a analizar la serie de acontecimientos e incorporar pensamiento probabilístico en nuestra vida cotidiana.

Estos modelos dependen de la objetividad y lógica en lugar de la intuición y emociones subjetivas. También nos ayudan a entender cuando nuestros análisis de ciertas situaciones y eventos correlacionados están funcionando, o si estamos creando asociaciones y conexiones entre eventos que en realidad no tienen relación alguna. El objetivo de estos modelos es realizar evaluaciones y planificaciones a futuro de una forma más precisa y práctica.

MM #10: ¿Qué haría Bayes (QHB)?

Úsalo para calcular las probabilidades y predecir el futuro basándote en eventos reales.

A continuación, dejamos de intentar realizar predicciones con información insuficiente. Este nuevo modelo mental gira en torno a lo que *realmente* deberíamos estar usando para sacar conclusiones.

A pesar de que no somos buenos para predecir el futuro, no dejamos de intentarlo. En ocasiones, cuando ansiamos sentir certeza de cómo se desarrollarán los eventos futuros, acudimos a "expertos" mediáticos que participan con osadía en programas de radio y televisión para revelar su opinión sobre lo que acontecerá al día siguiente, la próxima semana o el próximo año. Si existe un dato, por pequeño que sea, puedes tener la certeza de que alguien realizará una predicción errónea sobre él.

El problema es que dichas celebridades no tienen más talento que tú o que yo para predecir el futuro. Piensa en todos los acontecimientos importantes e imprevistos que han ocurrido en los últimos 25 años; lo más probable es que los más relevantes hayan sido acontecimientos que nadie predijo, mucho menos esos analistas mediáticos cuyo trabajo parece depender de tales predicciones. Solo son buenos para mejorar el índice de audiencia y para que las personas se sientan más optimistas respecto al futuro (al menos de forma temporal).

Sin embargo, suelen estar equivocados, independientemente de la inclinación que tengan sus ideas. Intentar entender lo que ocurrirá en el futuro cercano se convierte en una adivinanza sin fundamento alguno, en lugar de una predicción honesta.

Este modelo mental gira en torno a un elemento que suele ser ignorado por dichos "expertos".

Y este hecho supone un problema mucho más grave para el hombre como ser pensante: en ocasiones, se nos dificulta filtrar el "sonido" y concentrarnos en las "señales" objetivas que nos brindan más información de ciertas situaciones e incluso del futuro.

De hecho, esto le proporcionó a Nate Silver, quien podría considerarse el estadístico más famoso en la actualidad, el título de su libro publicado en el año 2012: *La señal y el ruido*. El libro de Silver explica por qué tantos videntes mediáticos (incluso a veces él mismo) realizan tantas predicciones erróneas. Uno de los problemas más comunes, sostiene Silver, es la constante incapacidad de diferenciar entre los factores que realmente vale la pena observar y aquellos elementos "ruidosos" que no generan impacto alguno y que no hacen más que entorpecer el análisis objetivo.

Aunque no existe un método comprobado que proporcione una fórmula infalible para predecir el futuro (obviamente), Silver propone un teorema que, al menos, puede arrojar más luz sobre acontecimientos del mundo que, como mínimo, brinden una mejor comprensión del mismo; lo que podría promover, si no un mayor índice de predicciones acertadas, un mayor grado de información y preparación para abordar la realidad.

Este modelo es conocido como el *teorema de Bayes*, bautizado así en honor al matemático del siglo 18, Thomas Bayes. La *Enciclopedia Británica* define el teorema de Bayes como "una manera de corregir las predicciones a partir de evidencia relevante, lo que también se conoce como probabilidad condicional o probabilidad inversa".

Haciendo la jerga a un lado, esta es una fórmula para predecir lo que podría ocurrir *si* ya ha ocurrido algún otro evento trascendental. El teorema de Bayes gira en torno a la *probabilidad*, pues obviamente nada es seguro o inevitable. Sin embargo, ha ayudado a compañías como Google e IBM a experimentar con la probabilidad y la producción de ideas, y también ha demostrado ser útil para los apostadores deportivos y aquellos que se desempeñan en el área de las ciencias predictivas como la climatología. En pocas palabras, si A ocurre, y guarda relación B, entonces se puede generar una probabilidad tangible.

De hecho, el teorema de Bayes tiene una fórmula, y aunque no me entusiasma mucho la idea de plantearles un problema matemático, resulta útil al menos conocer la fórmula:

$$P(A|B) = \frac{P(A) \times P(B|A)}{P(B)}$$

La probabilidad de que A ocurra si B ya ha ocurrido se expresa como P(A|B). A representa lo que estás resolviendo y lo que intentas predecir.

La probabilidad de que B ocurra si A ya ha ocurrido se expresa como *P(B|A)*.

La probabilidad de que A ocurra sin B se expresa como P(A).

La probabilidad de que B ocurra sin A se expresa como P(B).

Tómate un momento para procesar lo que se está cuantificando con exactitud. Se establece un porcentaje donde básicamente estás cuantificando las probabilidades con base en lo que ha ocurrido y lo que no. De hecho, es mucho más fácil de explicar mediante un ejemplo.

Solo necesitas tres cifras, y serás capaz de resolver el problema para obtener una probabilidad aproximada de un evento futuro. Necesitas las probabilidades del evento A, evento B, y del evento B si ha ocurrido el evento A. Los tornados no son muy comunes (1 % de probabilidad), pero los vientos fuertes sí lo son (10 %) y el 90

% de los tornados causan vientos fuertes. Quieres saber la probabilidad de que ocurra un tornado si hay vientos fuertes. La ecuación sería la siguiente:

Probabilidad (tornado|vientos fuertes) = *P(tornado) × P(vientos fuertes|tornado)*

P(vientos fuertes)

Probabilidad (tornado|vientos fuertes) = *1% × 90%*

10%

Probabilidad (tornado|vientos fuertes) = 9%

Por lo tanto, la probabilidad de que ocurra un tornado cuando haya vientos fuertes es de 9 %. Como puedes observar, solo necesitas tres cifras, y luego no tienes que hacer más que insertar los números en la fórmula de Bayes. Esta cifra será mucho más realista que la opinión de cualquier experto.

Puedes usarla en un sinfín de circunstancias, desde las más grandes hasta las más pequeñas y desde las más insignificantes hasta las más trascendentales. El teorema de Bayes es una herramienta poderosa, pues nos permite cuantificar de forma concreta tanto la probabilidad como la improbabilidad con tan solo unas pocas variables. Esta operación imita un análisis de la vida real de una forma que generalmente aplicamos *a posteriori*, y la información que nos proporciona nos ayuda a poner los pies sobre la tierra. Después de todo, los números no mienten. La fórmula nos permite ignorar el ruido que produce aquello que simula ser de alto impacto y lo relaciona con algo real e importante.

Por lo tanto, en aras del desarrollo del buen juicio, utiliza este modelo mental y pregúntate: "¿Qué haría Bayes?". Dejaría de hacer conjeturas, se concentraría en los hechos concretos y calcularía una probabilidad que contribuyese a la evaluación y toma de decisiones. Una idea inherente al pensamiento Bayesiano es que las probabilidades deben actualizarse de forma constante con base en la nueva información que obtengas, y que aunque todo es incierto, es más probable de lo que crees.

MM #11: Hazlo como Darwin

Úsalo para descubrir toda la verdad detrás de una situación.

La sensatez también implica ver ambas caras de la moneda. Para tal fin, tenemos un modelo mental proporcionado por nada más y nada menos que el mismísimo Charles Darwin.

Charles Darwin, el naturalista cuyas teorías sobre la evolución y el desarrollo de las especies marcaron un hito en el ámbito de la investigación científica, al parecer no era ningún genio. No era particularmente diestro para las matemáticas. No tenía la agilidad mental que suele atribuírsele a un genio. Charlie Munger llegó a decir que, en su opinión, si Darwin hubiese asistido a Harvard en 1986, probablemente se hubiese graduado con calificaciones promedio.

El biólogo E.O Wilson estimó que el coeficiente intelectual de Darwin debió haber sido de unos 130; una cifra alta, pero no del nivel (140) en el que se comienza a usar la palabra "genio". Obviamente, era un científico brillante, pero el punto es que poseía una habilidad distinta que lo hizo alcanzar el éxito.

Darwin era *incansable* respecto al aprendizaje.

Consumía grandes cantidades de información sobre todos los temas que le interesaba aprender. Recolectaba hechos y se mostraba muy diligente en cuanto a la toma de notas. Su habilidad de prestar atención era legendaria, y su ética laboral era infatigable. El razonamiento de Darwin era deliberadamente lento, pues prestaba una meticulosa atención a los detalles. Sostenía que para convertirse en la autoridad de cualquier materia, había que dominarla a fondo, y el dominio no ocurre de la noche a la mañana (ni en cuestión de un mes o un año).

Y aquí es donde Darwin rompió tanto los esquemas que queremos usarlo como modelo mental: el método de Darwin era tan integral que incluso le prestaba mucha atención a la información que contradecía o refutaba sus propias teorías. Este enfoque es la columna vertebral de su *regla de oro*, tal como lo expresó en su autobiografía y el modelo mental que le atribuimos. La pauta básica de la regla de oro de Darwin era estar más abierto a las ideas contradictorias o antagónicas; de hecho, Darwin les prestaba toda su atención:

> Durante muchos años, también seguí una regla de oro que consistía en que cada vez que me topaba con una publicación, observación o idea que contradecía mis resultados en general, lo anotaba de inmediato y sin falta; pues mi propia experiencia me había enseñado que es más probable olvidar este tipo de ideas e información que los datos que nos resultan favorables.

Darwin se empapó en evidencia o explicaciones que contradecían sus hallazgos, pues estaba consciente de que la mente humana tiene tendencia a descartar dichas opiniones antagónicas. Si no las investigaba a fondo, lo más probable es que las olvidase, y eso generaba deshonestidad mental. Darwin sabía que su propio razonamiento instintivo podría suponer tanto un obstáculo como una ventaja para descubrir la verdad, y estableció una forma de asegurarse de no omitir ningún dato.

Darwin manejó toda esta información incompatible de forma responsable.

Tomó muy en cuenta el material que pudo haber refutado sus afirmaciones e hizo un esfuerzo para abarcar todos y cada uno de los escenarios, anomalías y excepciones de sus teorías. No descartó la información que refutaba sus ideas; tenía inmunidad total al sesgo de confirmación. Más que nada, Darwin no quería ser negligente en cuanto a la búsqueda de la verdad; sabía que una afirmación incompleta, cuyo único propósito era persuadir a los demás sin haberla sometido antes a una reflexión profunda, era una acción deshonesta desde el punto de vista intelectual. Tal hazaña requería más tiempo y esfuerzo de su parte, pero estaba comprometido a la causa.

Por supuesto, la regla de oro Darwiniana hace un llamado a la honestidad intelectual y a tener una opinión firme, pero manteniendo la mente abierta. Supone *humildad* intelectual: no enfrascarse en ninguna postura o teoría, y limitarse a seguir la evidencia.

A diferencia de otras personas, Darwin miraba con escepticismo sus propias teorías, en lugar de cuestionar las demás como mecanismo de defensa. Se cuestionaba a sí mismo de la forma imparcial que solemos aplicar a los demás. Se realizaba preguntas personales, tales como: *¿Qué es lo que sabes? ¿Estás seguro? ¿Por qué estás tan seguro? ¿Cómo puede demostrarse? ¿Qué errores pudiste haber cometido? ¿De dónde viene la opinión contradictoria y por qué?* Como podrás imaginar, se requiere mucha disciplina para someter nuestras ideas a un escrutinio constante.

Darwin concluyó de forma muy acertada que si estás convencido de que *el resto del mundo* está equivocado, estás en problemas. Lamentablemente, la explicación más sencilla es que eres *tú* el que está equivocado.

Darwin sabía que debía comprender los argumentos *en contra* de sus propias teorías incluso mejor que aquellos que proponían dichos argumentos. Probablemente, hubiese sido un pésimo vendedor. Sin lugar a dudas, este modelo se aleja del razonamiento de la mayoría de las personas, y es ahí donde radica la belleza del mismo.

Como expansión de la regla de oro de Darwin y con el propósito de abarcar ambos extremos del tema de estudio, debes estar dispuesto a *seguir la evidencia* ciegamente. Irás a donde quiera que apunte. Lo más probable es que ya tengas una idea preconcebida en tu mente, pero tendrás que descartarla por completo.

Puede que encuentres evidencia concreta que respalde tu punto de vista; y eso es fantástico. Sin embargo, también encontrarás evidencia que no necesariamente querrás enfrentar; aquella que ofrece argumentos contundentes y razonables en contra de tu opinión. Incluso las personas que se han dedicado a una búsqueda implacable de la verdad podrían sentir desagrado ante este tipo de evidencia y, en consecuencia, tratar de evitarla o ignorarla.

¿Qué diría Darwin? Esa es exactamente la evidencia que deberías seguir de forma constante hasta el final. Es una tarea engañosamente sencilla, si logras resistir la incomodidad psicológica que causa.

Interpreta toda la evidencia que obtienes con los mismos estándares de fiabilidad. Toda la evidencia debe someterse a la misma prueba. Debes abordar toda la evidencia con cautela, y esto implica inclinarse hacia la información de *calidad* en lugar de *cantidad*.

En general, el modelo mental de Darwin gira en torno a un elemento principal: la verdad. De todos los modelos presentados en el libro, este podría ser el más ignorado y peor aplicado.

MM #12: Aplica el Sistema 2

Úsalo para pensar de una forma que separe lo analítico de lo emocional.

El último modelo mental para desarrollar mayor sensatez y no dejarnos engañar se encuentra relacionado al funcionamiento de nuestro cerebro (por naturaleza, no de la forma en que nos gustaría que funcionase).

El cerebro es una maravilla de la biología. Sin embargo, al igual que nosotros, prefiere ahorrar energía y optar por la opción que le exija menos esfuerzo siempre que sea posible. A tal fin, el cerebro reduce algunos de sus procesos y omite otros por completo con el propósito de ahorrar energía. Esto significa que se encuentra en una constante búsqueda de atajos, de manera que no tengamos que pensar detenidamente en cada detalle. De hecho, el cerebro escatima esfuerzos, y esto nos lleva a cometer errores a diario.

A lo largo de los años, esto ha generado dos sistemas biológicos de razonamiento: uno centrado en la velocidad y el ahorro de la energía, y otro centrado en la exactitud y el análisis. Esto es algo a lo que debemos prestar atención, sobre todo cuando se nos presentan nuevos conceptos o información. El cerebro preferiría ahorrar energía para las situaciones peligrosas, pero no se percata de que él mismo podría generar tales situaciones al brindar un razonamiento deficiente.

Dicho concepto fue popularizado por el profesor Daniel Kahneman en su influyente libro *Pensar rápido, pensar despacio*. A través de una serie de experimentos, Kahneman desarrolló un modelo que explica los procesos individuales que el cerebro lleva a cabo para asimilar y reaccionar a distinta información, creativamente denominados *Sistema de pensamiento 1* y *Sistema de pensamiento 2*.

El Sistema 1 hace referencia al pensamiento "rápido". Este modo es automático e instintivo. Es el que usamos cuando nos topamos con una situación que nos resulta familiar y que no necesitamos procesar muy a fondo, como reconocer a un amigo, andar en bicicleta, o realizar cálculos matemáticos de un dígito. Debido a su naturaleza intuitiva, el Sistema de pensamiento 1 también está asociado a las reacciones emocionales, como llorar o reír al ver una fotografía antigua. El instinto de "luchar o huir" encaja a la perfección en el Sistema de pensamiento 1.

La faceta principal del Sistema 1 es la espontaneidad. No requiere ningún tipo de análisis o reflexión, sino un entramado de asociaciones que hemos experimentado una y otra vez. El Sistema 1 es una serie de atajos mentales (llamados *técnicas heurísticas*) que nos ayudan a descifrar las situaciones en un santiamén (explicado a profundidad más adelante). Y debido a que se invierte poco tiempo o esfuerzo en el Sistema de pensamiento 1, consume menos energía y no produce tanto agotamiento. No necesitarás una lista de pros y contras para tomar una decisión con el Sistema 1. Aunque el Sistema 1 es rápido, está centrado en tomar una decisión *rápida* en lugar de una *acertada*.

Puede que ya hayas escuchado el término *sesgo cognitivo,* el cual ocurre precisamente cuando el Sistema 1 toma el control.

El Sistema 2, por otro lado, es el pensamiento "lento". Este es el modelo mental que nos interesa priorizar, pues es mucho más reflexivo y analítico. Se usa para cualquier situación que requiera más trabajo y esfuerzo mental. El Sistema 2 se utiliza para tomar decisiones en situaciones que podrían tener consecuencias trascendentales, como elegir una universidad, comprar un auto nuevo o renunciar a tu empleo.

También utilizas el Sistema 2 cuando realizas alguna acción que necesita más concentración o esfuerzo, como conducir en una noche neblinosa, tratar de escuchar a tu interlocutor en un lugar ruidoso, intentar recordar una conversación que tuviste un par de semanas atrás, o aprender una asignatura compleja con la que no estás familiarizado.

Mientras que el Sistema 1 es fluido e instintivo, el Sistema 2 es todo lo opuesto: es intencionado, consciente y metódico. El Sistema 1 es como un paracaidista en caída libre, mientras que el Sistema 2 es como un abogado precavido. El Sistema 2 necesita tiempo y esfuerzo para procesar nueva información, y, como resultado, consume más energía mental y puede llegar a ser agotador o extenuante. Esa sensación de fatiga o desasosiego que podría invadirte al estudiar o leer un libro, no es cuestión de aburrimiento o incapacidad de comprensión; de hecho, se trata de un imperativo biológico.

Estás consumiendo la energía de tu Sistema 2, y es por ello que siempre usamos el Sistema 1 por defecto. Es una lástima, pues esto nos vuelve propensos a aceptar las cosas de buenas a primeras, sin una pizca de escepticismo, mostrándonos más crédulos y aplicando un razonamiento erróneo en general. También nos vuelve impulsivos e imprudentes sin considerar las consecuencias o implicaciones de nuestros actos. En general, nos volvemos más básicos y *tontos.*

Para aquello que forma parte de tu día a día y que conoces a fondo, es una buena opción (es aquí donde sobresale el Sistema 1). Si tienes mucha experiencia en dicha área, no hay dudas de que te ayudará a tomar una buena decisión. Evidentemente, también resulta útil cuando se presentan elementos peligrosos o intimidantes, pues el Sistema 1 te hace pasar a la acción donde el análisis y el estudio minucioso te pondrían en desventaja.

Cada sistema tiene su momento, pero en caso de que no se trate de una situación peligrosa o de vida o muerte, el Sistema 2 es ideal para el buen juicio.

No podemos usarlo todo el tiempo porque sería poco práctico y consumiría demasiado tiempo. Sin embargo, más importante aún, es que sería sencillamente agotador, sobre todo si tienes que obligarte a hacerlo constantemente. A decir verdad, quizás este debería ser tu modelo mental predilecto cuando necesites mantener una postura imparcial y sensata. Quedarse enfrascado en el Sistema 1 limitará cualquier razonamiento profundo que puedas desarrollar.

Moralejas:

- Percibir y razonar con sensatez no son acciones instintivas. Lo que mueve al ser humano es la supervivencia, el placer, la evasión del dolor, la comida, el sexo y el descanso. Cualquier otra cosa que consideremos un objetivo superior tiende a ser secundario, al menos para nuestro cerebro. Por consiguiente, los modelos mentales son muy importantes para asegurarnos de pensar con sensatez. Solemos percibir el mundo de forma distinta tras un segundo vistazo.

- Modelo mental #7: Ignora los "cisnes negros". Este es el primer modelo mental que nos advierte específicamente de la tendencia a sacar conclusiones apresuradas con base en información imperfecta, sesgada o incompleta. Un cisne negro es un evento completamente impredecible que ocurre de la nada. En el proceso, distorsiona toda nuestra información y creencias, y las personas comienzan a creer que el cisne negro es el nuevo estándar de normalidad. Sin embargo, no es más que un caso atípico que debería ser ignorado.

- Modelo mental #8: Busca el punto de equilibrio. Este modelo mental gira en torno a identificar tendencias de progreso. Cuando inicias una actividad, pasas de cero a uno (y ese es un progreso considerable). Posteriormente, pasas de uno a dos, de dos a tres, y así sucesivamente, y el progreso reduce la velocidad, y los resultados comienzan a decaer. Siempre existe un punto de equilibrio que indica cuál será el promedio. No cometas el error de no esperar por él.

- Modelo mental #9: Espera por la regresión a la media. Este es el último modelo mental que gira en torno a ver el panorama completo en términos de información. Cambiar sin *motivo* no es un cambio genuino; no es más que una variación. Por lo tanto, no implica que seguirá ocurriendo a futuro. Una regresión a la media ocurre cuando las cosas vuelven a su estado inicial y reanudan su funcionamiento habitual; es un reflejo de la realidad.

- Modelo mental #10: ¿Qué haría Bayes (QHB)? Curiosamente, nuestros tres modelos anteriores giraban en torno a nuestros intentos fallidos de sacar conclusiones y predecir el futuro. El teorema de Bayes es un concepto que, de hecho, nos permite sacar conclusiones sobre eventos futuros: basándose en probabilidades y tomando en cuenta los precedentes. No necesitas más que las probabilidades aproximadas de tres elementos para incluirlos en la fórmula de Bayes, y llegarás a una conclusión mucho más precisa que la de cualquier "experto". Este es un pensamiento probabilístico básico.

- Modelo mental #11: Hazlo como Darwin. Al parecer, Darwin no era un genio, pero sí que tenía una característica que lo diferenciaba del resto: su incansable dedicación a la búsqueda de la verdad. En el proceso, desarrolló su regla de oro (y nuestro modelo mental) de darle la misma importancia y atención a los argumentos y opiniones que se opusiesen a los propios. En lugar de ponerse a la defensiva cuando se topaba con un argumento que lo contradecía, adoptaba una actitud más crítica y escéptica respecto a su propia opinión. Semejante apertura mental nos libra del ego y del sesgo de confirmación.

- Modelo mental #12: Adopta el Sistema 2. Todos tenemos dos sistemas de pensamiento, cortesía de Daniel Kahneman: el Sistema 1 y el Sistema 2. El Sistema 1 se centra en la velocidad y eficiencia del pensamiento, mientras el Sistema 2 se centra en la exactitud y profundidad del mismo. El Sistema 2 es inteligente, mientras el Sistema 1 es tonto. El Sistema 1 tiene más desventajas que ventajas, pero, lamentablemente, es el que adoptamos por defecto debido a su sencillez. Aprende a diferenciar entre ambos; reconoce el Sistema 1 y, posteriormente, intenta hacer la transición inmediata al Sistema 2.

Capítulo 3. La manera ideal de resolver los problemas

Todos tenemos problemas.

Los problemas son interrupciones en la vida de la persona; obstáculos. En ocasiones, son diminutos y desaparecen de la noche a la mañana, y en otras, no logramos superarlos y nos obligan a replantear nuestra vida. Independientemente de la magnitud del problema, de una forma u otra, los superamos. Hemos llegado lejos en la vida, y esto jamás hubiese ocurrido si hubiésemos huido de todo aquello que suponía un desafío para nosotros. Con el paso del tiempo, hemos encontrado soluciones a través de la fuerza bruta y un sinfín de intentos, o incluso mediante golpes de suerte.

Probablemente exista un método más eficaz. Existen muchas formas de freír pescado, y aun así hay ocasiones donde nos queda delicioso y otras donde deja mucho que desear. Resulta que, probablemente, existen algunos métodos efectivos, comprobados y genuinos para resolver los problemas en general, y entenderlos te sería de mucha ayuda.

Este capítulo presenta algunos modelos mentales orientados a la resolución de problemas y a brindar soluciones a cualquier situación que pueda surgir. Te proporcionan pasos concretos en términos de razonamiento que te ayudarán a concentrarte y a entender el caos que generan los problemas. Para resolver los problemas de forma efectiva, es necesario adoptar un enfoque innovador y buscar nuevas formas de abordarlos. Las mismas herramientas y patrones de razonamiento no funcionarán en todos los casos, y los modelos mentales resultan especialmente útiles para resolver los problemas, pues te proporcionan pautas literales para indagar en las soluciones.

Nuestros procedimientos son metódicos y sistemáticos de una forma que nos resulta demasiado tediosa o que no logramos organizar del todo. Supongamos que tienes un rompecabezas de 500 piezas, pero todas las piezas son exactamente del mismo color. Puede que al final seas capaz de armar el rompecabezas, pero será difícil porque no tendrás una estructura que te indique por dónde empezar. La mayoría de personas comenzaría por los bordes, el cielo, o algún elemento reconocible. Estos modelos mentales son como un patrón que nos indica cómo encaja el rompecabezas.

Claro, la mayoría de problemas pueden resolverse con fuerza bruta, pero podemos apuntar a mucho más.

Uno de los principales problemas que debemos abordar es lo limitada que resulta nuestra perspectiva. Pasamos 24 horas al día en nuestro mundo. De vez en cuando salimos a información de otra fuente, pero en general, son nuestras opiniones las que más escuchamos. Probablemente, la mayor parte de nuestras interacciones son con personas que comparten nuestra opinión, y, por consiguiente, nos vemos atrapados en una especie de habitación donde solo escuchamos nuestro propio eco. Esto nos lleva a concluir que nuestra opinión es correcta, justa e importante. Probablemente, ya puedes imaginar cuáles son los problemas que comienzan a desarrollarse a partir de esta actitud.

Es importante tener cierta cantidad de confianza y seguridad en nuestra voz interior, pero no es la única perspectiva válida que existe, y puede que en ocasiones ni siquiera esté en lo correcto. Los primeros modelos mentales que se expondrán a continuación giran en torno a salir de nuestro propio mundo y apreciar las situaciones, y por consiguiente, los problemas, de la forma más clara posible. Puede que te percates de que la solución siempre estuvo ante tus narices, pero tu perspectiva no la admitía ni la reconocía.

Además de facilitar la resolución de problemas, es un excelente modelo mental para la vida en general, pues te obliga a sentir cierta empatía hacia los demás. Cuando logras ponerte en los zapatos de otra persona, te ves impulsado a cuestionarte cómo ocurrió cierto evento, por qué a dicha persona le parece razonable y por qué tiene sentido dentro del contexto. La mayoría de personas no actúa por maldad, ni orientan sus acciones para hacerte daño. De la misma forma, todos creen ser el héroe de su propia historia (incluyéndote a ti), así que imagina lo revelador que podría ser entender en qué sentido podrías *tú* ser el villano en la historia de alguien más. Este es otro hábito que no acostumbramos adoptar con frecuencia.

Por lo tanto, es de vital importancia explorar las perspectivas que no necesariamente concuerden con la nuestra.

Sin importar la convicción que tengamos o lo informados que creamos estar, no hay forma de verificar que nuestro punto de vista es el único correcto. Incluso los líderes mundiales más respetados tienen asesores que actúan como un grupo de consulta para las ideas del mandatario. Saben que su experiencia no es más que un pieza de un esquema más grande: si se desconoce la perspectiva de los demás, solo lograremos percibir una pequeña parte del problema (si acaso).

En cuanto a tus problemas personales, de naturaleza menos transcendental, sigue siendo igual de importante entender la perspectiva de los demás, sobre todo la que más se oponga y contradiga nuestras ideas más preciadas, sin importar lo difícil que sea oírlas. Los modelos mentales de esta sección te ayudarán a desarrollar y mantener la receptividad ante la opinión ajena, la cual resulta imperativa para tomar decisiones eficaces y resolver los problemas.

MM #13: Somete tus perspectivas a una revisión externa

Úsalo para entender cuál es la opinión general y por qué podrías discrepar de la misma.

Las *revisiones externas* son realizadas en muchas disciplinas. Normalmente, se asocian con publicaciones académicas, pero casi cualquier campo (profesional, científico, etcétera) cuenta con alguna especie de revisión externa. Como su nombre lo indica, una revisión externa es una evaluación de tu trabajo que es realizada por otro experto en tu área. Otros colegas de tu área de estudio o de la misma especialidad revisan tu trabajo y te ofrecen críticas y sugerencias antes de la entrega del mismo. Muchas veces, esto se convierte en una situación agresiva donde intentan hacer pedazos tu investigación y encontrar el más mínimo error posible. Sin embargo, mientras más agresiva, más provechosa puede ser la revisión.

El objetivo de la revisión externa es corregir errores y omisiones en la versión final del trabajo y ofrecer una perspectiva alternativa que podría contribuir a que los resultados sean más claros, relevantes y precisos. Los evaluadores revisan tu planteamiento, metodología, análisis, conclusión y cualquier elemento que los relacione. El enfoque científico y metódico es la forma más eficaz de someter tus perspectivas al escrutinio y asegurarte de que superen cualquier prueba (o al menos, lograr que estén mejor fundamentadas).

Las mejores revisiones externas no dejan piedra sobre piedra, y se aseguran de que el autor esté presentando un trabajo que haya sido sometido a la mayor cantidad de evaluación posible. Al final del proceso, conocerás tus debilidades, fortalezas y desempeño en general.

Aunque esto podría no ser muy factible a nivel cotidiano, podría llevarse a cabo de distintas formas. Si tienes una opinión o perspectiva, estas representan un dato. ¿Qué tal si intentas recolectar tres más? Y posteriormente, ¿qué tal si intentas recolectar dos datos más que difieran de los tuyos y presenten puntos de vista distintos y novedosos?

Puedes recolectar datos, información y otros puntos de vista de la forma más cabal posible para reforzar o perfeccionar tus ideas o planes, y ayudarte a tomar mejores decisiones en el proceso de resolución de problemas. Cuando logras identificar la opinión general, puedes determinar si estás de acuerdo, o cómo y por qué discrepas. Muchas veces, esto dará pie a una mayor cantidad de ideas y exploración.

Una utilidad específica de este modelo mental se denomina *triangulación*. Este se basa principalmente en la práctica militar que consiste en confirmar una ubicación específica al trazar líneas desde tres puntos de origen distinto, para así formar un "triángulo". A mayor cantidad de datos, más lados gana el triángulo y el área se reduce. Es el proceso de acercarse poco a poco al *rango* correcto mediante la recolección progresiva de datos.

Por ejemplo, mi persona podría estimar que una empresa produce diez dispositivos al día, mientras un colega cree que la misma empresa solo produce cuatro dispositivos al día. No sería mala idea determinar el promedio basándonos en nuestras estimaciones. Posteriormente, mi supervisor podría suponer que la compañía produce siete dispositivos al día. Luego, su supervisor interviene y dice que la cantidad correcta es seis. Poco a poco, nos acercamos a un rango que, en cierta forma, es sustentando por todos los datos.

A continuación, repite el mismo proceso, pero con tus propias opiniones, posturas y perspectivas.

Podrías opinar que los lémures son los animales más feroces del mundo (o inserta una idea más controversial que yo preferiría no traer a colación). Un zoólogo que conozcas podría aseverar que, aunque sí son feroces, ocupan el tercer puesto por debajo de los rateles y los guepardos acorralados. Uno de tus conocidos que trabaje de vigilante en el zoológico podría ubicar al lémur en el quinto lugar, por debajo de los hipopótamos, castores, águilas, guepardos y rateles. Un amigo veterinario podría ubicar a los lémures entre el segundo y el cuarto animal más feroz, por debajo de los guepardos, rateles, gansos y búfalos.

¿Qué has obtenido de este ejercicio? Pues, en primer lugar, ahora sabes que tu postura inicial probablemente sea incorrecta, y también sabrás cuáles son las posibles respuestas.

Oficialmente, la triangulación de información requiere recolectar y verificar información de al menos dos fuentes distintas. Idealmente, deberían ser muchas más. Aunque es probable que la triangulación típica de la "revisión externa" sea la más eficaz, también puedes obtenerla al examinar datos y teorías de otras fuentes (en otras palabras, investiga).

Someter tus perspectivas e ideas a una triangulación y revisión externa aumenta la legitimidad y autenticidad. Demuestra que tienes la suficiente confianza para someter tus soluciones al escrutinio público, y que tienes la humildad necesaria para escuchar las opiniones y críticas constructivas de los demás. Además, esto le brinda mucha validez y certeza a las decisiones que tomas:

aumenta la probabilidad de que sean decisiones responsables, que hayan sido sometidas a una reflexión y evaluación extensiva.

Mediante dicho proceso, te harás una idea de cuál es la verdadera solución y, en relación al objetivo principal del capítulo, resolverás los problemas con mucha mayor facilidad y presteza.

MM #14: Autoevalúate

Úsalo para examinarte antes de que alguien más lo haga.

Solicitar la opinión de un tercero puede ser revelador, sobre todo si esta sirve de confirmación de que tanto tu opinión como tu perspectiva son erróneas.

Sin embargo, también podemos hacerlo de forma independiente si aplicamos el modelo mental que consiste en detectar nuestros propios errores. Considera tu perspectiva u opinión como una hipótesis que debe ser probada y verificada. Lo más importante es evitar involucrarse emocionalmente con el resultado o darle más importancia a tener la razón que a descubrir la verdad tal y como es.

En lugar de abordar una perspectiva u opinión con intención de probarla, haz lo contrario e intenta refutarla (los perros no son la mejor mascota; los perros son seres malvados).

En lugar de aumentar los supuestos beneficios, minimízalos y aumenta lo negativo (los perros podrían ser relativamente leales en comparación a los gatos, pero necesitan de muchos cuidados, pueden implicar una inversión considerable de dinero y, en ocasiones, pueden llegar a ser violentos).

En lugar de imaginar el mejor escenario posible, describe el más apocalíptico que se te ocurra (¿Qué ocurre si tengo un perro violento que no logro entrenar como se debe y hace un desastre en casa?).

Pregúntate esto: si quisieses que tu perspectiva u opinión estuviese errada, ¿cuál sería la forma más sencilla de lograrlo (si no le presto suficiente atención a mi perro, ni lo saco a pasear, perderá la cordura y comenzará a destruir todo a su paso)?

Crudo, lo sé. Pero, de lo contrario, serás víctima del sesgo de confirmación. El sesgo de confirmación es desenfrenado; ocurre cuando solo se le presta atención a la información o evidencia que confirma cierta opinión cuya veracidad deseamos probar. En el proceso, nos hace descartar, justificar, negar o evitar por completo la evidencia que refute o contradiga dicha opinión. Su principal causante no es necesariamente el ego, sino el deseo de tener la razón.

El sesgo de confirmación es la manifestación definitiva de ver lo que quieres ver y aprovechar dicha percepción para demostrar una conclusión preconcebida. De hecho, es cuando inicias la investigación con una conclusión en mente y trabajas a la inversa para hacerla realidad, independientemente de la evidencia que te indique lo contrario.

El ejemplo más sencillo es cuando tienes una opinión que quieres sustentar; por ejemplo, que los perros son leales. Así que escribes en Google "los perros son muy leales". Obviamente, esto generará resultados sobre la lealtad de los perros, pero si escribieses (1) "¿Son leales los perros?", (2) "La lealtad de los perros", o (3) "Los perros no son leales", obtendrías una cantidad mucho más amplia de información sobre los perros y la lealtad. Esta opinión en particular no tiene ningún tipo de consecuencia, pero el sesgo de confirmación puede resultar mucho más peligroso.

Detectar tus errores te orienta en la dirección opuesta (y correcta): partir de una hipótesis y sacar conclusiones tomando como única base lo que la evidencia nos indica a ciencia cierta. A todos nos causa desagrado el pensar en admitir nuestros errores, sobre todo en público. Sin embargo, es una mera cuestión de ego, y el ego no tiene interés alguno en resolver los problemas y pensar con sensatez. El ego siempre tendrá motivos más reconfortantes, pero perjudiciales.

Este modelo mental también aplica en otro contexto importante: las relaciones personales. Se manifiesta principalmente cuando tienes un conflicto con otra persona. Sin embargo, tal como se mencionó anteriormente, ¿qué pasaría si cambias de actitud y te concentras más en identificar los errores en tus propios argumentos y posturas, en lugar de defenderlas a capa y espada?

Por el contrario, cuando trates de detectar los errores en tus propios argumentos, intenta identificar lo que se denomina la *tercera historia*. La tercera historia es lo que un observador objetivo opinaría del conflicto. Sería una opinión implacablemente objetiva e imparcial. Lo más probable es que no te guste oírla, y sobra decir que no saldrás exonerado.

Este es un descubrimiento importante en sí mismo. Muchas veces, nos dejamos llevar a tal extremo por las emociones intensas que perdemos de vista nuestro objetivo y nos limitamos a defender nuestra postura. Esto resulta más sencillo para algunas personas que para otras, pero aceptar que *podrías* estar equivocado expande mucho más tus horizontes que si te enfrascases en tu propia opinión. De hecho, reconocer que tu punto de vista podría no ser perfecto suele ser el primer paso para resolver el problema. Es una señal de fortaleza y seguridad, mientras que rehusarse de forma testaruda a escuchar la opinión de los demás suele ser percibido con más frecuencia como una señal de flaqueza o debilidad.

En este sentido, es conveniente abordar tu perspectiva como si tuviese al menos *algún dato* erróneo (para empezar, digamos que un 1 %). Son pocos los problemas interpersonales donde la respuesta sea dicotómica; no eres infalible. Por lo tanto, ¿en qué 1 % puede que te equivoques, incluso si te cuesta admitirlo?

Si logras admitir el 1 % de error o imperfección, podrás identificar de inmediato el resto de elementos que podrías estar pasando por alto. Obtener esta tercera perspectiva es un excelente método para entender el problema de forma cabal, pues si la tercera historia se desvía drásticamente tanto de la tuya como de la de tu adversario, es posible que ni siquiera estén intentando resolver el mismo problema.

MM #15: Distingue entre correlación y causalidad

Úsalo para entender lo que realmente debe abordarse para resolver un problema.

Con el propósito de entender por qué ocurren ciertos eventos, debemos tratar de identificar los factores instigadores. Es lógico tratar de identificar un evento pasado que haya sido el *causante* directo del evento que ahora tenemos entre manos. Deberíamos dedicarnos a la solución de dicho evento, pero resulta que podríamos estar invirtiendo todo nuestro tiempo en el problema equivocado. Solemos cometer el error de no saber diferenciar entre correlación y causalidad. A continuación, uno de los ejemplos más claros del presente modelo mental.

Supongamos que estás observando un gráfico comparativo entre dos datos: un eje muestra el total de lentes de sol vendidos durante un período de tiempo, y el otro muestra el total de helados vendidos. Durante el verano, notas que se disparan las ventas de ambos artículos, y que suelen reducirse en cuanto acaba dicha temporada.

Viendo este gráfico, podrías llegar a la conclusión de que las ventas de helado tienen un impacto directo en la venta de lentes de sol. Las personas compran más lentes porque compran más helado (o viceversa). Independientemente de la inclinación, puede parecer que una es proporcional a la otra.

¿A qué podría deberse? ¿Es porque hay tiendas que venden *ambos* productos? ¿Acaso comprar un *sundae* o una gaseosa con helado de vainilla activa alguna especie de instinto que nos obliga a hacernos con un par de Ray-Bans? ¿Acaso los lentes presionan algún nervio facial que nos produce sed?

Dichas teorías suenan ridículas, ¿no es así? Es porque lo son.

Cuando leíste el ejemplo por primera vez, es probable que hayas llegado a la conclusión de que las ventas de helados y lentes de sol aumentaron por la llegada del verano. Debido a que dicha temporada cuenta con más días soleados y calurosos, las personas tienen mayor tendencia a comprar productos fríos como el helado y lentes para protegerse del sol. Las personas no compran lentes como resultado directo de las compras de helado; compran ambos cuando les comienza a afectar el calor del verano. Solo porque dos cosas ocurran de forma simultánea no quiere decir que exista relación *entre* ellas.

A pesar de que es un ejemplo bastante general, refleja un error lógico que cometen muchas personas (en ocasiones en asuntos incluso *más* básicos y elementales que comprar helado y lentes de sol). El error es creer que porque dos eventos tengan patrones similares o conductas relacionadas, quiere decir que uno es causante del otro. Este es el error de creer que la *correlación implica causalidad*. De hecho, son conceptos completamente independientes.

La *correlación* es un término estadístico. Demuestra que dos elementos o variables individuales comparten características o tendencias similares ("hubo un aumento tanto en las ventas de helado como de lentes de sol"). Esto resume el concepto de correlación: dos elementos actúan de forma similar en uno u otro sentido. La correlación no describe a qué se debe la relación entre los dos elementos; no brinda un motivo. Solo indica: "Generalmente, ambos elementos actúan de forma similar y simultánea".

La *causalidad,* por otro lado, es un esfuerzo por establecer la razón detrás de un acontecimiento (también conocido como "causa y efecto"). El mensaje de la causalidad es: "Este elemento cambió, lo que a su vez *causó* que este otro elemento cambiase". En nuestro sencillísimo ejemplo, el verdadero motivo detrás del aumento de los ingresos generados por los lentes de sol fue la llegada del verano, que también fue el responsable del aumento en las ventas de helado. Hubo una relación causal entre el verano y los lentes, y el verano y el helado, pero solo existe una correlación entre los lentes y el helado.

Creer que el aumento en las ventas de helado *causó* el aumento en las ventas de los lentes es un error lógico. Esto se contradice con la frase *la correlación no implica causalidad*; solo porque dos eventos sean similares no significa que uno esté causando al otro. Puede que exista otro factor subyacente que esté causando *ambos* eventos.

Esto error en el razonamiento suele ocurrir cuando hay falta de información, o quizás, con más frecuencia, cuando no nos tomamos el tiempo de analizar toda la información que deberíamos. Es fácil sentirse tentado a sacar conclusiones apresuradas cuando sentimos la presión de brindar una respuesta definitiva. Con el propósito de evitar dicha falacia, deberíamos identificar la mayor cantidad posible de factores: investigar, analizar las tendencias, recolectar más información, y realizar juicios razonables y pausados.

En muchos casos, las correlaciones no son más que casualidades, pero aun así no tardamos en interpretarlos como hechos causales. Cuando evaluamos causa y efecto, el modelo mental predeterminado siempre debería ser separar la correlación de la causalidad y no asumir una relación causal a menos que tengas la certeza de su existencia.

Hay otro detalle importante al hablar sobre causa y efecto. Es un concepto un poco más complejo de lo que nos hicieron creer durante la infancia, cuando nos enseñaron que empujar un camión de juguete lo haría moverse.

A medida que obtenemos mayor experiencia, los factores causales se vuelven un poco más complejos. Existen más condiciones, motivos subyacentes y elementos que influyen en los eventos. En ocasiones, es difícil señalar una causa en particular, pues es difícil definir si fue la única o si fue producto de varias "minicausas".

Este proceso involucra ver más allá de la causa inmediata de las cosas (la causa *inmediata*) y buscar la causa más importante y fundamental que desencadena los eventos (la *causa* raíz). La causa inmediata es para la causa raíz lo que la correlación para la causalidad. Resolver las primeras (causa inmediata; correlación) no solucionará tus problemas.

Por ejemplo, supongamos que suspenden la licencia de conducir de un individuo. Llamémosle Hal. La corte de tráfico ha estado esperando que Hal responda a una serie de violaciones por exceso de velocidad, pero nunca se ha presentado. Se emite una orden de arresto contra Hal; la policía acude a su casa, derriba la puerta y lo encarcela por un largo fin de semana.

Llegados a este punto, podemos plantearnos la interrogante: ¿Por qué encarcelaron a Hal? Pues, en primer lugar, está allí porque la policía acató una orden de arresto que señalaba que Hal debía responder a varios violaciones por exceso de velocidad. Esa es la causa *inmediata*: las acciones más básicas y recientes que condujeron a Hal a terminar tras las rejas.

Sin embargo, la causa inmediata no explica los problemas más profundos que causaron el encarcelamiento de Hal. Podrías decir que la orden de arresto se emitió porque Hal se tomaba los límites de velocidad muy a la ligera. Por lo tanto, podrías concluir que el amor de Hal por la velocidad fue la causa raíz.

Pero... ¿lo fue?

Podemos seguir profundizando en el por qué Hal exhibe dicha conducta, y se podría considerar que cada nivel descubierto es una causa raíz *más profunda*. Si lo que se quiere es que recapacite, limitarse a decirle que deje de exceder los límites de velocidad podría no ser muy efectivo. ¿Qué lo lleva a exceder los límites? Quizá sus padres nunca le inculcaron autocontrol en ciertas situaciones; lo dejaban corretear por toda la casa y hacer un desastre, y dicha imprudencia persistió hasta la vida adulta. Al llegar a este nivel de razonamiento, Hal tiene una causa raíz más profunda; algunos han denominado este nivel como la causa *definitiva*. A menos que Hal ataque las bases emocionales que generan su hábito de violar los límites de velocidad, lo más probable es que reincida. Si las ignora y se limita a decir que "así es la vida", entonces no habrá aprendido la lección.

En resumen, esta es la parte del modelo mental que hace referencia a la causa inmediata/raíz. Es una forma más crítica y profunda de descubrir las *verdaderas* respuestas y explicaciones que subyacen detrás de un evento. El razonamiento ideal implica ir más allá de la causa inmediata (la cual, por lo general, no es más que una secuencia física de indicadores) y entender los factores, patrones racionales o emocionales, o los elementos contextuales que sientan las bases para un acontecimiento.

Podría resultar útil imaginar que cada acción es motivada por un factor psicológico. Una forma de poner en práctica este plan de descubrimiento es con el método de los "cinco porqués", que no es más que preguntarse cinco veces "¿por qué?" con el propósito de determinar una causa raíz mucho más profunda:

¿Por qué encarcelaron a Hal? Porque emitieron una orden de arresto en su contra (causa inmediata).

¿Por qué? Porque no había respondido ante la corte por sus recurrentes excesos de velocidad.

¿Por qué? Porque violó el límite de velocidad nueve veces y lo descubrieron.

¿Por qué? Porque siente la "necesidad" o impulso de ir a toda máquina en la autopista.

¿Por qué? Porque en su infancia nunca tuvo límites establecidos y concluyó que podía hacer lo que quisiese sin temer a las consecuencias.

Diferenciar entre la causa inmediata y la causa raíz nos hace avanzar en el proceso de descubrimiento; mientras que, si nos guiásemos por puro instinto, abandonaríamos la búsqueda tan pronto identificásemos la causa inmediata o incluso al notar la más vaga correlación. Al profundizar, entenderás mejor el porqué de las cosas y estarás mejor informado para enfrentar los problemas.

MM #16: Narrar en sentido contrario

Úsalo para determinar la causalidad de forma más eficiente.

Hablando de determinar las causas...

Ahora que has aprendido un modelo mental para diferenciar entre la correlación y la causalidad, profundizamos en la causalidad más allá de la técnica de los cinco porqués del modelo mental anterior. Para aquellos lectores que tengan mayor inclinación por el arte, llegó su momento.

Un diagrama de espina de pez es un método que te permite identificar las distintas causas posibles de un problema o consecuencia. La capacidad de inferir las causas a partir de un efecto observado es un aspecto integral del proceso deductivo, sobre todo en lo relacionado a la resolución de problemas. Desarrollar una lista de las posibles causas de un problema te proporciona simultáneamente un esquema de los factores específicos en los que necesitas concentrarte para encontrar soluciones factibles.

El diagrama de espina de pez se encuentra tan bien estructurado que dichas causas son divididas en categorías, de manera que obtengas una perspectiva más ordenada de toda la situación. Es una forma más organizada de trabajar en sentido contrario del efecto a la causa, y es una herramienta que se usa con frecuencia para estructurar las sesiones de lluvia de ideas. El producto final es una representación visual de todos los factores (desde lo micro hasta lo macro) que contribuyen al efecto o al problema.

Para realizar un diagrama de espina de pez, primero escribe el planteamiento del problema en la mitad derecha de una pizarra o cualquier otra superficie de escritura de tu preferencia. Dibuja una casilla alrededor y luego una línea horizontal a lo largo de la superficie que se conecte con la casilla del problema. La casilla será la "cabeza" del pez.

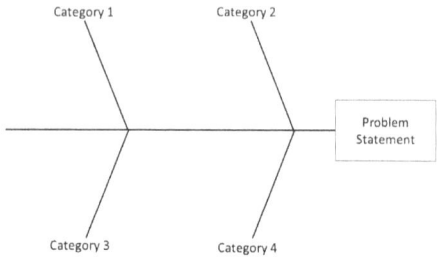

Posteriormente, dibuja las "espinas" del cuerpo trazando líneas verticales con un espacio de separación considerable y que partan de la línea horizontal principal. Dibuja espinas por encima y por debajo de la línea principal, inclinándose ligeramente en dirección opuesta a la cabeza del pez. Dichas espinas serán identificadas según las distintas categorías de las causas que logres descubrir. Es tu decisión elegir el nombre de las categorías que apliquen al problema que tienes entre manos.

Cada vez que se te ocurra una posible causa del problema, escríbela como una conexión a la "espina" en particular que corresponda a la categoría que la identifique. Puedes escribir la misma causa en distintas categorías, si corresponde. Posteriormente, por cada causa que identifiques, sigue preguntándote lo que pudo haberla causado y anótalo como una conexión a dicha causa (y así sucesivamente hasta que no se te ocurra una causa más profunda). Esto te permitirá poner en práctica tus habilidades de razonamiento productivo hasta que llegues a las causas más fundamentales del problema.

Cuando hayas acabado con el diagrama, escudriña las causas que has enumerado y toma en cuenta la evidencia relacionada. ¿Qué tanto contribuye la causa identificada a la consecuencia en cuestión? ¿Su conexión con el problema es lo suficientemente concreta y relevante para ser tomada en serio? Adopta el hábito de pensar: "¿Qué haría que esta causa se vuelva un factor relevante y trascendental en el problema actual?"

Por ejemplo, supongamos que eres el gerente de un hotel e intentas entender las causas detrás del bajo índice de satisfacción de los clientes respecto al servicio que proporciona el hotel. Escribe el problema en una casilla que servirá de "cabeza" y las categorías de las posibles causas (en este caso, las cuatro P de la industria del servicio) como las "espinas" principales. Al aplicar este paso, la etapa inicial de tu diagrama debería verse así:

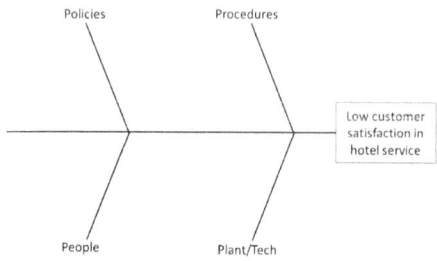

Posteriormente, comienza a llenar cada categoría con las posibles causas. Por ejemplo, has identificado que las posibles causas del problema son (1) la tardanza en resolver las quejas de los clientes y (2) la incapacidad del personal del hotel en mostrarse sensibles ante las necesidades de los clientes, causando así que estos se sientan insatisfechos con el servicio.

Al preguntarte por qué tu personal podría carecer de sensibilidad hacia las necesidades de los clientes, podrías considerar que sus jornadas de trabajo son tan largas que solo logran brindar la cantidad mínima de servicio; ya no tienen suficiente energía para prestar mayor atención a las necesidades específicas de los clientes. Tomando en cuenta lo anterior, tu diagrama de pescado ahora debería indicar lo siguiente:

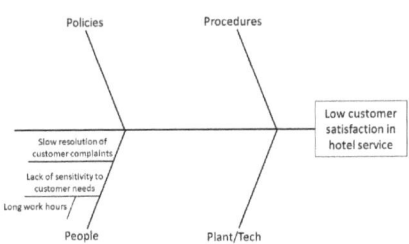

Continuando con el proceso de preguntarte por qué existe el problema, comienzas a identificar otras posibles causas y las anotas en la categoría correspondiente, haciendo que tu diagrama luzca así:

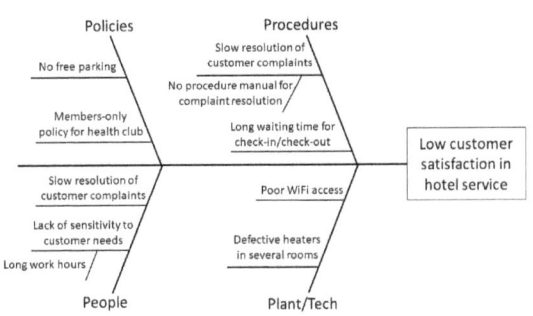

Al trabajar en sentido inverso de forma sistemática desde el problema hasta las causas, lograrás identificar aspectos de tu situación que posteriormente podrás abordar en consecuencia. El diagrama de espina de pez es una herramienta que concentra tus esfuerzos de forma eficiente en resolver las raíces del problema (o en este caso, las espinas).

Es una excelente forma de acostumbrarte a pensar con un estilo de narración en sentido contrario, el cual te permitirá identificar de forma concreta cómo se relaciona el problema con factores causales en específico.

Intenta observar una escena, una persona, o cualquier otra cosa e identifica diez detalles sobre la misma. Posteriormente, para cada uno de dichos detalles, escribe cinco posibles causas que pudieron haber dado origen a ese detalle en particular. Intenta variar las posibles causas que enumeras, desde lo más realista hasta lo más bizarro. Esto te ayudará a perfeccionar tu habilidad de crear historias en torno a cualquier detalle y a considerar la posible causa, ejercitando así tu habilidad para la narración en sentido contrario.

MM #17: Método SCAMPER

Úsalo para resolver los problemas de forma metódica y creativa conectando ideas inusuales.

En ocasiones, las listas de modelos mentales pueden comenzar a asemejarse a una lista de verificación.

Esa es una característica, no un error. En otras palabras, esa es la función prevista, pues de lo contrario, como seres humanos, tenemos la tendencia de olvidar las cosas o pasarlas por alto. A tal fin, con el presente modelo mental, implementaremos de forma concreta la sensación de usar una lista de verificación, pues el SCAMPER es un enfoque metódico para resolver los problemas y encontrar las soluciones.

Iniciado por Bob Eberle para impulsar la creatividad durante las sesiones de lluvia de ideas, el método SCAMPER hace referencia a siete técnicas que ayudan a orientar el pensamiento hacia ideas y soluciones novedosas: (S) sustituir, (C) combinar, (A) adaptar, (M) minimizar/magnificar, (P) proponer un uso distinto, (E) eliminar, y (R) revertir. En conjunto, estas técnicas parten de la idea de que puedes crear algo nuevo mediante la simple modificación de elementos antiguos que se encuentran a tu alrededor.

Piensa en este modelo mental como si se tratase de abrir un grifo que transporta agua a siete tuberías, y cada tubería se conecta con una maceta. Cada maceta tiene el potencial de producir un nuevo elemento en cuanto las semillas sean regadas. Toma en cuenta que el método SCAMPER no requiere la aplicación de una secuencia de pasos lineales. Puedes aplicarlo en cualquier orden o secuencia, y pasar de una técnica a la otra.

Además, incentiva el principio *conectar ideas inusuales*, el cual en sí mismo tiene el potencial de convertirse en un modelo mental. Esto significa que para proporcionar soluciones innovadoras, deberías estar dispuesto a integrar ideas, objetos y elementos (independientemente de lo distintos, inconexos o aparentemente ilógicos que puedan parecer). Este es un elemento principal del método SCAMPER porque con mucha frecuencia solemos vernos limitados por nuestras ideas preconcebidas y suposiciones de lo que es *imposible*.

Sustituir. Esta técnica hace referencia a reemplazar ciertas partes del producto, proceso o servicio con otras para resolver un problema. Para aplicar esta técnica, primero toma en cuenta que la situación o problema posee muchos elementos; distintos materiales, numerosos pasos en el proceso, diferentes momentos o lugares en los que puede presentarse el proceso, los distintos mercados para el producto o servicio, y cosas por el estilo. Posteriormente, toma en cuenta que todos y cada uno de estos elementos podría ser reemplazado por una alternativa.

Algunas preguntas que podrían ayudarte a adoptar esta corriente de pensamiento son las siguientes: "¿Existe algún material más rentable para reemplazar el que usamos actualmente sin sacrificar la calidad del producto?", "¿Qué parte del proceso puede ser reemplazada por una alternativa más sencilla?", "¿En qué otros lugares podemos ofrecer nuestros servicios?"

Supongamos que produces artesanías que usan un tipo de pegamento en particular como adhesivo. Sin embargo, descubres que el pegamento que utilizas se seca con facilidad y forma grumos incluso cuando se almacena de forma adecuada, causando pérdidas y un coste de producción más elevado. Para resolver este problema, considera realizar una sesión de lluvia de ideas respecto a la posibilidad de usar un adhesivo distinto para reemplazar el que usas actualmente. Otro ejemplo podría ser sustituir los materiales importados por materiales endógenos, no solo para reducir costos en tu empresa sino también para ayudar a la comunidad local en el proceso.

Combinar. Esta técnica sugiere considerar si dos productos, ideas o pasos de un procedimiento podrían combinarse para producir un único resultado o proceso que resulte más óptimo en algún sentido. Dos productos existentes podrían crear algo nuevo si los combinásemos. Dos ideas antiguas podrían combinarse para crear una más innovadora y revolucionaria (si se combinan de la forma adecuada). Dos etapas de un proceso podrían combinarse para crear un único procedimiento más sencillo y eficiente.

Entre las preguntas que pueden facilitar la adopción de una filosofía que impulse la combinación de elementos se incluyen las siguientes: "¿Podemos mezclar dos o más elementos?", "¿Podemos desarrollar dos procesos a la vez?", "¿Podemos aliarnos con otra empresa para mejorar nuestro dominio del mercado?"

Por ejemplo, la combinación de cuchara y tenedor llevó a la creación del tenedor-cuchara, un cubierto que hoy en día suele ser incluido con los fideos instantáneos por su diseño rentable y conveniente. Resuelve el problema de tener que producir dos cubiertos distintos y, consecuentemente, reduce el coste de producción a la mitad.

Adaptar. Esta técnica intenta ajustar un elemento con el propósito de mejorarlo. Resuelve los problemas al optimizar el proceso habitual con el que se hacen las cosas, con ajustes que van desde lo pequeño hasta lo radical. Te obliga a pensar en formas de ajustar lo que ya existe (bien sea un producto, proceso o modo de hacer las cosas) de manera que resuelva un problema actual y se ajuste mejor a tus necesidades.

Al percatarte de que tienes menos energía de lo habitual, por ejemplo, podrías pensar en resolver el problema ajustando tu dieta, reduciendo las calorías vacías y la comida procesada. En el mundo de los negocios, esta técnica suele ser utilizada por los grupos de lluvia de ideas que buscan mejorar su producto, servicio o proceso de producción.

Algunas preguntas de esta naturaleza incluyen: "¿Cómo podemos regular el proceso existente para ahorrarnos más tiempo?", "¿Cómo podemos modificar el producto existente para aumentar las ventas?", "¿Cómo podemos ajustar el proceso existente para que sea más rentable?"

Un ejemplo de la adaptación de un producto es el desarrollo de las carcasas para teléfonos celulares, a los cuales se les ha implementado amortiguación o material antichoque. Este ingenioso ajuste fue evidentemente desarrollado en respuesta al común problema de dejar caer el teléfono por accidente y, por consiguiente, dañar las partes frágiles del mismo. De forma similar, las carcasas para teléfonos, relojes y demás artículos resistentes al agua son otro ejemplo de adaptar un producto con el propósito de mejorarlo.

Magnificar o minimizar. Esta técnica involucra un aumento o disminución de un elemento para generar nuevas ideas y soluciones. Magnificar se refiere a aumentar algo, ya sea exagerando un problema, concentrándose más en una idea, aumentando la resistencia o tamaño de un producto, o realizando un proceso con mayor frecuencia.

Por otro lado, minimizar se refiere a disminuir algo, como suavizar un problema, concentrarse menos en una idea, reducir el tamaño del producto, o llevar a cabo un proceso con menos frecuencia. Pensar sobre ciertos elementos en términos de magnificar o minimizar te brindará información novedosa sobre las partes más relevantes e irrelevantes de tu problema, orientándote así hacia soluciones efectivas.

Las preguntas de debate que aplican la técnica de magnificar incluyen las siguientes: "¿Cómo se puede exagerar o sobrestimar el problema?", "¿Cuál sería el resultado si te concentrases en dicha característica?", "¿Aplicar el proceso con más frecuencia marca alguna diferencia?". En cuanto a minimizar, ponte a prueba con las siguientes preguntas: "¿Cómo cambiará el resultado al reducir está característica?", "¿Cómo podemos simplificar este producto?", "¿Reducir el uso de este procedimiento aumentará la eficiencia?"

Supongamos que te han transferido a una oficina más pequeña. Ahora enfrentas el problema de transferir tus pertenencias a un espacio más reducido. Aplicando la técnica de magnificar y minimizar para resolver tu dilema, puedes hacerte preguntas sobre cuáles son los componentes de la oficina en los que quisieras concentrarte más (o menos). ¿Te concentrarás más en tener espacio para reunirte con los clientes, para instalar el equipo informático o quizá para almacenar archivos?

Reflexionar sobre el aspecto que quieres magnificar te ayudará a seleccionar y organizar objetos en tu nueva oficina de la forma que mejor refleje tus valores y necesidades. En cuanto a la técnica de minimizar, considera cuáles elementos de tu oficina podrían mezclarse para que ocupen menos espacio. Por ejemplo, si antes usabas dos mesas separadas para la computadora e impresora, podrías considerar reemplazarlas por un escritorio compacto con un soporte para la impresora.

Proponer un uso distinto. Esta técnica busca determinar cómo un producto o proceso existente podría ser usado para un propósito distinto para al actual. Esto promueve una discusión sobre el sinfín de aplicaciones que podría tener la materia prima, productos terminados y hasta los desechos. Básicamente, se trata de encontrar un nuevo propósito para las cosas antiguas.

Algunas preguntas que pueden facilitar esta filosofía son las siguientes: "¿De qué otra forma puede usarse este producto?", "¿Otros departamentos de la empresa puede beneficiarse de este material?", "¿Podemos encontrar alguna utilidad para los desechos?"

Piensa en cómo este principio podría aplicar a todos esos objetos que están esparcidos en tu casa. Por ejemplo, ¿cómo abordarías el problema de los periódicos viejos que no paran de acumularse en un rincón? Usarlos para limpiar las ventanas es una solución habitual, pero ¿qué tal si buscas formas innovadoras de usarlos? Al desafiarte a pensar en aplicaciones menos convencionales, aumentarás el beneficio de dichos periódicos viejos, desde servir como desodorante infalible para los zapatos hasta convertirse en la materia prima para manualidades divertidas de papel maché.

Eliminar. Esta técnica se refiere a identificar los elementos innecesarios de un proyecto o proceso, de manera que puedan ser eliminados y, por consiguiente, proporcionar un mejor resultado. Analiza cómo un procedimiento podría ser optimizado al descartar los pasos innecesarios o cómo se podría lograr el mismo resultado si se reducen los recursos. Los recursos que se liberen podrán ser usados posteriormente para incentivar la creatividad e innovación.

Las preguntas que componen esta categoría incluyen: "¿Existe algún paso que podamos eliminar sin afectar el resultado?", "¿Cómo ejecutaríamos la misma actividad si tuviésemos la mitad de los recursos?", "¿Qué pasaría si eliminásemos esta parte?"

Una de las aplicaciones más útiles de esta técnica se encuentra en el área de abordar los problemas financieros en la vida cotidiana. Por ejemplo, descubres que estás generando suficientes ingresos para tus gastos del día a día, pero no te queda suficiente para ahorrar en caso de una emergencia. Aparte de la opción de ganar más dinero, lo único que puedes hacer es reducir gastos, de manera que puedas ahorrar para casos de emergencia.

Mediante la técnica de eliminación, identifica gastos que puedas reducir; quizá renunciar a comprar esa cartera brillante que en realidad no necesitas u optar por platillos hechos en casa, los cuales implican menos dinero que salir a cenar. El dinero que se obtenga de recortar los gastos innecesarios puede convertirse en tus ahorros para los malos tiempos.

Revertir. Esta técnica sugiere invertir el orden de los pasos del proceso con el propósito de hallar soluciones y maximizar el potencial de innovación. También conocida como la técnica de reorganización, esta filosofía incentiva el intercambio de elementos o a considerar la aplicación del proceso en el sentido contrario con el propósito de estimular una perspectiva innovadora de la situación.

Algunas preguntas que aplican la técnica de reversión incluyen las siguientes: "¿Cómo cambiaría el resultado si revirtiésemos el proceso?", "¿Qué ocurriría si realizásemos el procedimiento al revés?", "¿Podemos intercambiar los pasos?"

Supongamos que se te dificulta cumplir tu propia promesa de hacer más ejercicio. Habías escrito en tu agenda que dedicarías 30 minutos a hacer ejercicio al final del día. Sin embargo, cuando llega el momento, pareciese que siempre tuvieses asuntos más urgentes que atender o estás demasiado cansado para ello. Por consiguiente, nunca logras hacerlo de forma constante. Para resolver este problema, podrías considerar aplicar la técnica de reversión.

Comprueba si puedes intercambiar tu horario de ejercicio hacia otra parte del día, por ejemplo, tratando de que sea a primera hora en la mañana. Al revertir el horario establecido para hacer ejercicio, podría resultar más sencillo ceñirte a la rutina, pues en las mañanas aún no estás agotado o agobiado por las actividades del día.

El método SCAMPER es una de las estrategias más sencillas, pero efectivas, para encontrar solución a los problemas y fomentar la creatividad. Debido a que el proceso es explorado desde siete perspectivas distintas (sustituir, combinar, adaptar, modificar, proponer un uso distinto, eliminar y revertir), no se deja piedra sobre piedra, e incluso pueden hallarse soluciones poco convencionales. Donde antes no tenías más de un par de técnicas para analizar los problemas, ahora tienes siete enfoques adicionales que puedes aplicar.

MM #18: Volver a lo básico

Úsalo para deshacerte de las ideas preconcebidas y encontrar tu propia solución.

Por último, el famoso empresario sudafricano Elon Musk realiza la sencilla pregunta que nos ayudará a resolver los problemas: *¿Cómo podemos estar seguros de no estar intentando resolver un problema partiendo de información imperfecta o incompleta?*

Bienvenido al modelo mental del *pensamiento centrado en principios básicos*, el cual consiste en desglosar un problema hasta que solo queden los componentes básicos; pues solo entonces tendrás la libertad de abordar el problema en sí.

Gran parte del pensamiento y análisis que llevamos a cabo depende de los logros, descubrimientos y conjeturas de un tercero. Observaremos el método que alguien más emplea para hacer algo (armar una bicicleta, preparar un pastel, escribir una canción, abrir un negocio pequeño) y, en cierta medida, copiamos dicho método y nos limitamos a añadir un par de cosas para mejorarlo. No reflexionamos mucho al respecto, y nos ceñimos a ellos por varios motivos, uno de ellos siendo porque "esa es la forma habitual de hacerlo". ¿Por qué tendríamos que reinventar la rueda?

Podría no ser muy innovador u original, pero ceñirse a una pauta demostrada funciona. ¿O no?

Esto se conoce como *razonamiento por analogía*, y *sí* funciona, pero está sujeto a errores y equivocaciones porque sigues un procedimiento al pie de la letra sin cuestionar las ideas preconcebidas subyacentes. Imagina que te indicasen que un pastel necesita cierta cantidad de harina y huevos, y tú te limitases a imitar la receta sin cuestionar su veracidad. Puede que esta receta haya pasado de generación en generación, puede que simplemente haya sido codificada porque alguna abuela, generaciones atrás, solo tenía dicha cantidad de harina y huevos para hacer el pastel. Quizá la receta produzca un pastel asqueroso, y si te desviases de la misma, mejorarías el sabor y la humedad de forma considerable.

La cuestión es que lo que creemos saber sobre un problema o escenario suele estar basado en una serie de ideas preconcebidas.

Las ideas preconcebidas no siempre están en lo correcto. Asumimos que con cierta cantidad de harina y huevos obtendremos el pastel más delicioso, pero ¿será cierto? Puede que la idea preconcebida esté mal. (Que me disculpen las abuelas).

El pensamiento centrado en principios básicos es la práctica de acabar con la tendencia a *seguir una pauta,* y nos impulsa a desglosar las suposiciones hasta que solo queden los factores básicos. Razonar con base en los principios básicos elimina la influencia de las ideas preconcebidas y tradiciones.

Este método descarta las opiniones e interpretaciones de terceros y te presenta los elementos fundamentales. A partir de allí, puedes volver a desarrollar una solución, generalmente con un enfoque totalmente nuevo que se encuentre basado en verdades irreprochables e indiscutibles (pues ya no dependes de una conjetura).

Por lo tanto, reducir el pastel de la abuela a los principios básicos consistiría, en primer lugar, en examinar los ingredientes que se necesitan a ciencia cierta para hacer un pastel, y en qué proporciones se necesitan.

Solo entonces podrás comenzar a recrear el pastel para que tenga mejor sabor, y podrías descubrir que se necesitan proporciones e ingredientes distintos. Suena como una solución sencilla, pero en ocasiones no se nos ocurre que, sencillamente, no todo es definitivo.

Musk aplica el pensamiento centrado en principios básicos en todo lo que hace, y se rehúsa con vehemencia a que le digan "eso es imposible". Por supuesto, podría ser imposible si parte de la idea preconcebida, pero no desde la *suya*.

Cuando Musk tomó la iniciativa de crear SpaceX, una empresa espacial privada, no tardó en toparse con el motivo que había hecho fracasar a otras empresas privadas similares: el exorbitante costo de los cohetes. Teniendo en cuenta que las operaciones de SpaceX consistirían en enviar cohetes al espacio, esto representaba un obstáculo enorme.

Sin embargo, sus estimaciones dependían de la idea preconcebida de que tendría que adquirir los cohetes de otras compañías. Aplicó el pensamiento centrado en principios básicos y desglosó la verdadera inversión monetaria que implicaba ir al espacio por cualquier medio, y no tardó en descubrir que el costo de los cohetes no era lo que parecía.

En lugar de adquirir un cohete *terminado*, que podía costar hasta 65 millones de dólares, Musk decidió *internalizar* el proceso, comprar la materia prima, y construir los cohetes él mismo. En pocos años, SpaceX había reducido el costo de lanzamiento de un cohete por una fracción (de acuerdo a algunos reportes, en un 10 % de sus estimaciones originales).

Musk usó el pensamiento centrado en principios básicos para reducir la situación a sus partes fundamentales y se limitó a preguntarse qué se necesitaba para ir al espacio. Un cohete (esa respuesta no cambió). Sin embargo, el cohete no tenía que venir de Boeing, Lockheed o cualquier otra empresa de producción aeroespacial. Partiendo de su objetivo e identificando posteriormente las ideas preconcebidas de las que quería deshacerse, fue capaz de crear una solución más eficiente. El primer paso es preguntar: "¿De qué podemos estar 100 % seguros que es fidedigno y está demostrado? De acuerdo, descartemos todo lo demás".

Volvió a usar su modelo mental cuando quiso resolver el problema de garantizar un transporte rápido y eficiente entre Los Ángeles y San Francisco.

Las conjeturas sobre la posible solución abundan. La principal es un sistema ferroviario de alta velocidad similar al del sistema de transporte subterráneo de Corea y Japón. Sin embargo, estamos partiendo de la idea preconcebida de que este nuevo método de transporte tiene que ser similar a un sistema existente. ¿Qué tal si reinventamos la rueda?

Los principios básicos de su problema era que quería un método más seguro, más rápido y más económico; podía adecuarse a los sistemas de transporte existentes, pero no necesariamente. Tomando en cuenta tales requisitos, ¿qué tipo de sistema nuevo podría crearse? Ese fue el origen del Hyperloop, y si has visto alguna fotografía del mismo, se parece más a una montaña rusa subterránea que a un sistema ferroviario. Sin embargo, dicha característica resulta irrelevante siempre y cuando se haya solucionado el problema, ¿no es así?

Para identificar los principios básicos, Musk atraviesa un breve proceso de tres pasos para descartar cualquier idea preconcebida. Para propósitos de este libro, supongamos que nuestro problema consiste en recrear el pastel de la abuela sin contar con los ingredientes que indica la receta.

1. Identifica y define las ideas preconcebidas. Son cosas que parecen ser un hecho y que no pueden modificarse. El pastel de la abuela requiere de cierta mezcla de harina y huevos. ¿O no?

2. Reduce el problema a lo fundamental. El resultado final debe ser algo comestible y que luzca como un pastel. Generalmente, un pastel requiere cierto número de huevos y cierta cantidad de gramos de harina. Se necesita una temperatura alta y un recipiente.

3. Crea nuevas soluciones desde cero. El pastel de la abuela no puede prepararse con los ingredientes a nuestra disposición, pero es posible encontrar reemplazos adecuados para todo lo que

falta. ¿Qué sustituciones podrían realizarse en esta receta? Para empezar, ¿es estrictamente necesario que lleve harina y huevos?

Puedes usar este modelo mental en casi cualquier contexto: iniciar un negocio, aprender sobre arte o historia, e incluso analizar un problema emocional o personal. Por ejemplo, tu problema es que pareces no tener espacio en tu agenda para ejercitarte lo suficiente como para adelgazar.

Ideas preconcebidas: Adelgazar depende del ejercicio, no tienes suficiente tiempo, necesitas adelgazar mucho, tu agenda está muy apretada.

Principios básicos: Adelgazar depende principalmente de la dieta, tendrás más tiempo si dejas de ver tanta televisión, tu agenda te permite descansos de 20 minutos a lo largo del día, y no tienes que adelgazar *mucho*.

Nuevo método: Una combinación entre rutinas de ejercicios breves y una alimentación más saludable dedicando el domingo a preparar todos los platillos de la semana.

Por el simple hecho de atravesar el proceso investigativo que supone el pensamiento centrado en principios básicos, pueden percibirse con mayor claridad los elementos, componentes individuales, y partes de una situación. El pensamiento centrado en principios básicos no es sencillo; si lo fuese, todos lo adoptarían.

Moraleja:

- La mayoría de métodos que utilizamos para resolver los problemas consisten en golpear el mismo muro repetidamente, esperando que con el tiempo se desplome. Obviamente, este no es el enfoque más eficiente ni para nosotros, ni para el muro. Sin lugar a dudas, la resolución de problemas ideal puede originarse de los modelos mentales, pues estos pueden brindarnos una fórmula a seguir. Después de todo, en eso se resumen elementos como la ecuación cuadrática o π: modelos mentales que nos ayudan a resolver los problemas.

- Modelo Mental #13: Somete tus perspectivas a una evaluación externa. Uno de los motivos principales por el que fracasamos en resolver los problemas se encuentra relacionado a nuestra incapacidad de percibir las perspectivas de los demás. De hecho, deberíamos someter nuestra perspectiva a una triangulación continua con respecto a la perspectiva de otros. Reflexionar y buscar soluciones de la nada jamás funcionará, pues si no lo experimentas de primera mano, no tendrá sentido alguno para ti.

- Modelo Mental #14: Autoevalúate. Este modelo mental gira en torno a resistir la tentación que nos produce el sesgo de confirmación, e intentar examinarte antes de que alguien más lo haga. Asume que estás equivocado; esto aplica más que todo en las relaciones interpersonales. Si asumes que tienes al menos el 1 % de la culpa en el conflicto, tu ilusión de superioridad e infalibilidad se romperá, lo que supone un factor importante en las interacciones sociales.

- Modelo Mental #15: Distingue la correlación de la causalidad. Son conceptos completamente distintos. Forzar una relación donde no la hay te hará concentrarte en el problema equivocado. Además, debes separar la causa inmediata de la causa raíz; la causa raíz es lo que nos conviene buscar, y puede identificarse mediante una serie de preguntas.

- Modelo Mental #16 Narrar en sentido contrario. En lo que respecta a la causalidad, solo necesitamos optimizar cierto tipo de razonamiento. Obtendrás apoyo visual con el diagrama de espina de pez, el cual te ayudará a registrar las causas de las causas, y así sucesivamente. Esto es una narración en sentido contrario porque comienzas desde la conclusión y trabajas en sentido contrario mediante técnicas que, en ocasiones, pueden llegar a ser un poco ambiguas.

- Modelo Mental #17: Método SCAMPER. El método SCAMPER hace referencia a siete técnicas que nos ayudan a orientar nuestro pensamiento hacia ideas y soluciones innovadoras: (S) sustituir, (C) combinar, (A) adaptar, (M) minimizar/magnificar, (P) proponer un uso distinto, (E) eliminar, y (R) revertir.

- Modelo Mental #18: Volver a lo básico. Cuando intentamos resolver los problemas, hay ocasiones en las que intentamos seguir métodos o procesos específicos por el simple hecho de que es lo habitual. Sin embargo, ¿es lo más eficiente? El pensamiento centrado en principios básicos nos libera de ideas preconcebidas y nos deja únicamente con una serie de hechos y el resultado deseado. A partir de allí, puedes desarrollar tu propia solución.

Capítulo 4. Los antimodelos mentales: Cómo alcanzar el éxito a través de la evasión

Hemos estudiado algunos modelos mentales sobre cómo manejar ciertas situaciones, optimizar nuestro razonamiento, resolver problemas, y abordar sin rodeos algunos de los problemas más peliagudos de la vida. Algunos de ellos consisten de reglas generales para el pensamiento, y otros terminan prescribiendo una secuencia específica de acciones.

Estos modelos son de mucha ayuda, pero todos tienen algo en común: todos están orientados hacia algún tipo de objetivo final. El modelo mental establece una meta a seguir, bien sea identificar la regresión a la media, concentrarse en las tareas importantes en lugar de las urgentes, o triangular tus perspectivas y opiniones con el propósito de optimizarlas. Mientras más te acerques a tu objetivo, más cerca estarás del éxito.

Esto no tiene nada de malo, y mostramos una predisposición natural hacia ello, pues es la clase de modelo que nos inculcaron desde niños. Si quieres tener un buen desempeño académico, debes procurar obtener buenas calificaciones y demostrar lo mucho que te esfuerzas. Si quieres ser el nadador competitivo más veloz, debes procurar tener los mejores tiempos y la mejor técnica. Independientemente de cuál sea tu objetivo, tu intención debería ser acercarte lo más que puedas a él.

Sin embargo, esto no siempre produce los mejores resultados, y además, no siempre representa cuáles deberías ser nuestras prioridades.

En ocasiones (de hecho, descubrirás que de una forma muy frecuente y generalizada), resulta mucho más sencillo y supone una mejor representación de tus verdaderas prioridades *alejarte* de ciertas acciones *negativas* que orientarte hacia ciertas acciones *positivas*.

Como ejemplo breve, supongamos que quieres mejorar tus habilidades de natación. Podrías tener presentes todos los consejos para mejorar la técnica (brazadas largas). Sin embargo, también podrías pensar en las cosas que hace un mal nadador y evitarlas a toda costa (evitar las brazadas cortas). Obtendrías un resultado similar, y posiblemente mejor, pues te concentrarías en librarte de los puntos débiles.

Podemos referirnos a ellos como *antimodelos mentales*, pues siguen brindando un esquema de orientación, pero giran en torno a alejarnos de ciertas acciones en lugar de orientarnos hacia ellas. Tal como tenemos modelos mentales para cumplir nuestros propósitos, también tenemos técnicas que pueden ayudarnos a evitar lo que *no* queremos. Intentar alejarnos de ciertas cosas puede exigir la misma cantidad de determinación y estrategia que requiere alcanzar un objetivo. En ambos casos, intentas ser el mejor ser humano que puedes.

Por ejemplo, ¿qué ocurre si quieres ser un mejor amigo? En lugar de crear una lista de los mejores atributos que debería tener un amigo, podrías comenzar por crear una lista de cosas que te no te gusta que te hagan y evitar hacerlas tú. De hecho, esto podría traer mejores resultados.

¿Quieres ser más productivo? En lugar de preguntarte cómo ser más productivo, pregúntate qué sabotea tu productividad y establece el objetivo de evitar dichas acciones.

En ocasiones, un simple cambio de perspectiva es lo que necesitamos para alcanzar una mayor eficiencia. Puede que lo que funcione para una persona no funcione para otra, a pesar de que tengan opiniones similares. En cualquier caso, todo se reduce a aquello que te impulse a mantenerte en movimiento.

Si tu técnica de natación es 99 % excelente, ese 1 % seguirá siendo un lastre. Por lo general, alcanzar un montón de metas positivas no importa mucho si existe un elemento negativo que nos atormenta. Muchas veces, lo más importante en la vida es la ausencia de elementos negativos, en lugar de la presencia de elementos positivos. Pregúntale a cualquier persona si se alegraría de tener los zapatos más costosos y lujosos del mundo a pesar de que estos le aprietan tanto los dedos que no puede evitar sangrar a cada paso. Generalmente, son nuestros puntos más débiles los que nos impiden sentirnos completamente realizados, y con los antimodelos mentales, los abordas directamente.

Toma en cuenta que el dinero no compra la felicidad, pero librarse de la ansiedad asociada a los asuntos de seguridad, hospedaje, alimentación y provisión, generalmente hará que las personas se sientan menos tristes. Procurar la eliminación de los aspectos negativos establece un nivel mínimo de éxito y realización; generalmente, queremos alcanzar un éxito exorbitante, pero, de hecho, semejante logro no será el que tenga mayor impacto en nuestra vida.

Este capítulo analiza algunos antimodelos mentales que arrojarán luz sobre cómo la evasión de aspectos negativos puede generar tanto éxito como el hecho de alcanzar un objetivo de forma directa.

MM #19: Evita los objetivos directos

Úsalo para entender mejor cómo alcanzar tu objetivo general.

Retomaremos la idea inicial del capítulo: cómo crear antimodelos mentales que te hagan concentrarte en la evasión de ciertos aspectos. Estos son igual de eficaces para orientarte hacia tus metas. Comenzaremos con uno bastante sencillo: evitar los objetivos *directos*. Tal como se mencionó anteriormente, para obtener el resultado que queremos, nos conviene evitar enfrascarnos en la obtención de algo y, en lugar de ello, esforzarnos en evitar los aspectos negativos. En lugar de objetivos directos, nos conviene establecer objetivos *inversos*, también conocidos como *antiobjetivos*.

Carl Jacobi, un matemático alemán, era conocido por utilizar dicho enfoque para resolver problemas matemáticos complejos. Siguiendo una estrategia de *man muss immer umkehren*, o "invertir, siempre invertir", Jacobi escribía los problemas matemáticos en sentido contrario, y descubrió que de esa forma era más sencillo hallar la solución: descubriendo primero lo que *no era* posible.

Extrapolando este razonamiento en sentido contrario a la vida en general, Charlie Munger insta a los jóvenes a reflexionar sobre lo contrario del éxito en lugar de concentrarse únicamente en cómo alcanzar el éxito.

Munger plantea la pregunta: "¿Qué quieres evitar?" y ofrece una posible respuesta: ser perezoso y poco confiable. Dichas cualidades suponen un obstáculo para alcanzar el éxito, y precisamente lograrás identificarlas al preguntarte por qué las personas fracasan en lugar de preguntarte por qué tienen éxito. Al invertir la pregunta sobre el éxito, tienes la oportunidad de descubrir lo que genera el fracaso y, por consiguiente, eres capaz de evitar tales conductas con el propósito de mejorar. En otras palabras, si te esfuerzas en evitar ser perezoso y poco confiable, deberías alcanzar el éxito.

Por lo tanto, en lugar de preguntarte lo que tienes que hacer para ser un mejor gerente, intenta imaginar lo que haría un mal gerente. Evita dichas acciones. Si tu modelo de negocios se centra en la innovación, pregúntate: "¿Cómo podríamos *limitar* el potencial innovador de la empresa?". Haz lo contrario. Si tu objetivo es aumentar la productividad, pregúntate: "¿Cuáles son las actividades con las que más me distraigo?". Por lo general, en lugar de preguntarte "¿Cómo resuelvo este problema", pregúntate "¿Cómo *causaría* este problema?". Posteriormente, realiza una acción distinta.

La inversión te ayuda a descubrir tus creencias ocultas y te permite evitar aquello que te resulta indeseable. Puedes alcanzar una comprensión repentina al percatarte de que el éxito, en realidad, podría depender únicamente de la *ausencia* de algo.

Es mucho más sencillo evitar lo que no quieres que obtener lo que sí quieres. La forma más sencilla de usar los antiobjetivos u objetivos inversos solo requiere dos pasos. Aplica a la perfección con casi cualquier empresa.

1. Define el fracaso o lo que te impide sentirte realizado.

2. Crea métodos para evitar dichos elementos a toda costa.

Por ejemplo, ¿quieres mejorar la calidad de tu vida cotidiana?

1. Define el fracaso o lo que te impide sentirte realizado. Por ejemplo, ¿qué define un mal día? Cuatro factores: insomnio, mal tráfico, mala alimentación y un perro latoso.

2. Crea métodos para evitar dichos elementos a toda costa. ¿Cómo puedes abordar todos esos aspectos que te arruinan el día? Cómprate una nueva cama o investiga un nuevo ritual para dormir. Encuentra la forma de que tu camino al trabajo sea más llevadero o exija menos esfuerzo, o modifica tu horario laboral para evitar el tráfico por completo. Prepara tu almuerzo de antemano o aprende a cocinar platillos más saludables. Obséquiale al perro más juguetes para morder, contrata a alguien que lo saque a pasear o búscale un compañero.

Si reducimos este antimodelo mental incluso más, su versión más simple y poderosa es la de *evitar la estupidez*. Generalmente, tratamos de actuar con ingenio e inteligencia, pues tal como mencionamos anteriormente, así es como nos crían.

No está mal, pero sí que puede mejorarse. Tratar de actuar con inteligencia puede ser arriesgado y ambiguo. Puede tener muchos resultados. Sin embargo, evitar la estupidez, pues, supone una acción bastante obvia si la analizas. Munger opinó lo siguiente al respecto:

Es increíble la enorme ventaja que han obtenido personas como nosotros al dedicarse a no ser estúpidos, en lugar de intentar ser inteligentes. Como bien dice el refrán: "Son los nadadores más habilidosos los que terminan ahogándose".

Mi método principal para garantizar el buen juicio es acumulando ejemplos de mal juicio, y posteriormente reflexionando sobre la forma de evitar dichos resultados.

Gran parte del éxito en la vida y los negocios proviene de saber lo que quieres evitar: la muerte prematura, un mal matrimonio, etcétera... Limítate a evitar acciones como tratar de llegar al cruce antes que el tren, consumir cocaína, etc. Desarrolla buenos hábitos mentales... Evita los males, sobre todo si adoptan la forma de algún miembro atractivo del sexo opuesto.

Nos interesa analizar cuál fue el motivo del fracaso de la empresa... Muchas veces, he llegado a pensar que vale más estudiar el fracaso de una empresa que el éxito de una. En mi empresa, tratamos de identificar en qué se equivocaron los demás, y por qué algo no funcionó.

Evita las complicaciones. Piensa en los antimodelos mentales como una forma de aprovechar uno de los impulsos más evidentes del ser humano: evitar el sufrimiento y la incomodidad. Es por ello que tenemos fobias, preocupaciones y predilección por la comida chatarra. Es como está programado el cerebro y lo que nos ha mantenido con vida durante siglos. ¡Pero esta vez úsalo a tu favor!

MM #20: Evita pensar como experto

Úsalo para ser capaz de percibir estratégicamente tanto el bosque (el panorama completo) como los árboles (los detalles específicos).

La mayoría de nosotros somos expertos en *algo*, bien sea en un campo extenso como la ciencia o el arte, o en algo más específico como la cocina, el ejercicio o el bordado. Nos sentimos muy cómodos sobre nuestro nivel de conocimiento en dichas áreas, y eso está bien. Tener una comprensión y fluidez profunda en algún campo es una de las bases para desarrollar seguridad en uno mismo. Todo esto suena muy positivo.

Nunca se tiene demasiado conocimiento sobre un área en particular. De hecho, mientras más aprendas, es probable que sientas que sabes menos.

Sin embargo, ¿es posible que el desarrollar demasiada confianza en nuestra comprensión y conocimiento del "panorama completo" pueda ocasionar que pasemos los detalles por alto? Además, ¿es posible que nuestra experticia en cierto ámbito pueda hacernos pasar por alto las soluciones sencillas que estén fuera de nuestra área de conocimiento?

Un refrán popular nos dice que evitemos que "los árboles nos impidan ver el bosque". Esto significa que cuando te concentras en los pequeños detalles (los árboles), sueles perder la concentración o dejar de prestar atención al panorama completo (el bosque). Podría hacer referencia a cuando te dedicas demasiado a un videojuego (el árbol), cuando el propósito original del videojuego era pasar tiempo de calidad con tu pareja y reforzar la relación (el bosque).

Y, por supuesto, también aplica a la inversa; también es posible que "el bosque te impida ver los árboles", que es cuando te concentras en el panorama completo a detrimento de los detalles más pequeños. Cuando tenemos experiencia en algún campo, solemos adoptar esta otra postura, pues observamos algo y de inmediato se generan un sinfín de ideas y reacciones en nuestro interior. Si fueses un músico experto y observases una pieza musical, no necesariamente te preocuparías por la disposición de cada nota, la notación, o si alguna nota sostenida o bemol está fuera de lugar. Pensarás en la melodía, dirección, sensación, fraseo, dinámica y composición en general (pensar en el *bosque* es propio de un experto).

Y fue justo en este contexto donde se originó el presente antimodelo mental: *evita pensar como un experto (de vez en cuando), pues los expertos no siempre se fijan en los detalles. No* pienses como un experto. Esto se debe a un fenómeno psicológico llamado *error de Goldovsky*, y es un tipo de error diminuto que solo es detectado con facilidad por las personas que *carecen* de experiencia en el campo. A medida que aumente tu experiencia, más complejo será detectar dichos errores. Los expertos se limitan a echar un vistazo y a hacer conjeturas sobre los conceptos básicos, pues así es como funciona su mundo; no actúan como elemento de control.

El instructor de piano Boris Goldovsky descubrió una errata en las partituras de una pieza de Johannes Brahms que había sido reproducida de forma masiva. Para ser más precisos, *no* la descubrió hasta que uno de sus pupilos neófitos tocó la nota, la cual contenía un error, una y otra vez, sintiéndose confundido ante aquel sonido disonante.

Goldovsky se preguntaba por qué nadie, desde compositores hasta editores, pianistas y demás músicos, había logrado percatarse del error. Parecía imposible que pasara inadvertido. Con el tiempo, realizó un estudio que demostró que los músicos expertos *siempre* pasaban por alto el error (incluso si se les informaba que había un error en la pieza) porque suponían cuál era la nota que debía estar ahí y cómo encajaba con la pieza en general. Al final, la única persona que pudo descubrirlo por sí mismo fue aquel novato.

Pensar como experto no tiene nada de malo, pues es lo que permite nuevas conexiones, ideas innovadoras, y aprendizaje en general. Sin embargo, para propósitos del presente libro, sí que crea algunos obstáculos que hacen que el bosque nos impida ver los árboles: dedicarle una simple ojeada a la información, pasar los detalles por alto, realizar suposiciones, establecer conexiones sin pruebas, y pensar en lo que un elemento debería o podría ser, en lugar de lo que es.

En 1995, se estrenó una película llamada *Braveheart,* la cual fue alabada por la crítica; al final, ganó el Óscar a Mejor Película. *Braveheart* gira en torno al guerrero escocés William Wallace, quien lideró una batalla contra el rey de Escocia entre los siglos 13 y 14. A pesar de la genialidad técnica de *Braveheart,* contiene una de las meteduras de pata más notables de la historia del cine.

En una escena, vemos a un gran ejército avanzando hacia la batalla en cámara lenta, a caballo, blandiendo armas, y, en general, con un aspecto que los hacía ver listos para partir uno que otro cráneo. Sin embargo, en la parte inferior izquierda de la pantalla se logra apreciar un automóvil blanco. Si has visto *Braveheart*, lo más probable es que el auto haya pasado inadvertido, pues la toma no dura más de un segundo. Puedes comprobarlo en YouTube.

Sin lugar a dudas, todos los involucrados en la producción de *Braveheart* (el director, el director de fotografía, el supervisor del guión, y básicamente todos los presentes en el plató) pasaron meses trabajando en el proyecto, y probablemente le dedicaron su más plena atención. Tenían que asegurarse de que los escenarios y vestuarios fuesen los correctos, coreografiar las batallas de manera que resultasen emocionantes, concentrarse en la narrativa histórica, etcétera. Más importante aún, no cabían dudas de que eran profesionales. Sin embargo, de algún modo, todos los involucrados en *Braveheart* pasaron por alto el hecho de que había un SUV en medio de una batalla medieval.

Este es otro ejemplo de lo que se mencionó anteriormente: cuando se está tan absorto y concentrado en el panorama completo que se pasa por alto un detalle pequeño, pero importante.

Para evitar pensar como experto, divide tu razonamiento en dos modalidades: experto y novato. Como has observado en los ejemplos anteriores, dichas modalidades suelen concentrarse en aspectos completamente distintos de un mismo tema. Para pensar como experto, haz lo de siempre. Pensar como novato exige que actúes con humildad y evites omitir algún paso.

Si un chef experto le da un vistazo a una receta, por lo general no necesita leer las instrucciones. No necesita más que la lista de ingredientes; en combinación con su conocimiento de cómo se preparan distintos tipos de platillos, sabrán al instante lo que deben hacer. Un novato podría necesitar realizar todos los pasos de forma pausada e individual. Y en dicho proceso pausado, se percataría de detalles e incluso posibles errores que los expertos pasarían por alto a causa de su tendencia a dar por sentado.

Sí, fijarse en hasta el más mínimo detalle, sobre todo cuando tienes confianza en tu área de experiencia, puede resultar engorroso, agotador y frustrante. Sin embargo, también resulta dramáticamente efectivo para reducir los errores e incluso las catástrofes más graves.

MM #21: Evita salir de tu área de talento

Úsalo para decidir en qué concentrar tu tiempo y recursos.

En este caso, el típico modelo mental sería mantenerse en el área de talento. Por consiguiente, el antimodelo mental consiste en evitar aquellas cosas que se salen de tu área de talento.

Es bueno ser ambicioso, expandir tus habilidades y aprender la mayor cantidad de cosas posibles. Todos podemos hacerlo hasta cierto punto. Nunca creceremos como personas si nos mantenemos dentro de nuestra zona de confort y evitamos intentar cosas nuevas. Sin embargo, en este caso no se trata de crecimiento; se trata de desempeño. Algunas personas parecen tener talentos extraordinarios en cualquier área que se propongan, pero para propósitos del libro, asumamos que nosotros no pertenecemos a dicho grupo de personas.

A pesar de nuestra capacidad de adquirir habilidades y conocimientos nuevos, siempre habrá una jerarquía; cosas en las que nos destacamos, bien sea por cuestión de tiempo, experiencia o talento natural, y cosas que no se nos dan muy bien.

Observa el ejemplo de Mike.

Es uno de los músicos más talentosos y versátiles que podrías conocer. Es un excelente pianista que puede leer una partitura a simple vista (una habilidad que resulta cada vez menos común hoy en día) y puede identificar las canciones de oído. Aprovechó dichas habilidades para incursionar en el mundo del teatro, donde descubrió que era un actor sorprendentemente bueno y un cantante increíblemente apasionado. Mike podía desempeñarse con mucha habilidad en casi todas las áreas del teatro musical.

Sin embargo, Mike no sabía bailar. Tenía buen ritmo, buena sincronización, y buen compás. Podía hacerlo todo a la perfección cuando actuaba o cantaba. Sin embargo, no lograba *bailar* por más que lo intentase. Esto no le impidió realizar audiciones para papeles que requerían una buena cantidad de baile. Dichas audiciones se volvieron una excelente fuente de entretenimiento para la audiencia y una dolorosa fuente de vergüenza para Mike.

Él mismo se había complicado las cosas, pues a pesar de que le ofrecían un sinfín de papeles que exigían poco baile y mucho de sus demás talentos, insistía con terquedad en ser la típica superestrella que sabía bailar, cantar y actuar. Más temprano que tarde, los productores de casting se percataron de que Mike no aceptaba sus ofertas, así que estas dejaron de llegar.

Mike estaba fuera de su área de talento. Carecía de la autoconciencia para determinar cuáles eran sus fortalezas y debilidades con el propósito de aprovecharlas. Insistía en actuar como si fuese a exhibir una destreza y desempeño similar en las tres áreas (baile, canto y actuación) porque estaban relacionadas entre sí. Estaba equivocado. No seas como Mike.

Es fantástico ser competente en muchas áreas. Sin embargo, es igual de fantástico (e indiscutiblemente más humano) *conocer tus limitaciones*, y a ciencia cierta, de eso se trata este antimodelo mental. Hay ciertas cosas en las que nunca desarrollarás suficiente destreza o habilidad. Reconocer dichas limitaciones es parte de desarrollar tu identidad como persona. No se trata de reconocer que fracasaste en la vida, solo que fracasarás en una actividad en específico. Por lo tanto, acéptalo, evítalo y concéntrate en tu talento natural. Es allí donde exhibirás un mayor desempeño e incluso te sentirás más a gusto.

No llames al fracaso dedicándote a actividades que estén fuera de tu área de talento. Sienta las bases para el éxito constante y garantizado manteniéndote en tu área de talento. Determina tus ventajas estratégicas y explótalas al máximo. No te engañes resaltando tus debilidades; en lugar de ello, planifica en previsión a ellas.

Vale la pena reiterar que estás en la libertad de desarrollar dicho rango de habilidades tanto como quieras. Sin embargo, reconoce que siempre tendrás una vocación o un conjunto de habilidades en las que exhibirás un talento natural. No te sientas avergonzado por tener límites; por el contrario, desarrolla confianza en lo que sí puedes hacer.

Esto es lo que Charlie Munger (sí, otra vez) tenía que decir al respecto:

> Es más conveniente lidiar con aquello que entendemos. ¿Por qué querríamos competir en un campo donde no tenemos ventaja alguna (y quizá alguna desventaja) en lugar de jugar en un campo donde tengamos una clara ventaja? Todos tenemos que descubrir cuál es nuestro talento y usarlo a nuestra ventaja. Sin embargo, si intentas tener éxito en el área que peor se te da, tendrás una carrera bastante mediocre. Casi puedo garantizarlo. Para obtener un resultado distinto, tendrías que ganarte la lotería o tener mucha suerte en alguna otra área.

Ese Munger se las trae.

MM #22: Evita las listas de tareas

Úsalo para dirigir tu atención a lo que importa en el momento.

Este modelo mental profundiza en un ámbito distinto: la productividad.

En ocasiones, cuando tenemos problemas para dar el primer paso, es porque no logramos decidir en qué enfocarnos. Un sinfín de elementos tiene el potencial de exigir nuestra atención, y en ocasiones no logramos diferenciar entre lo que deberíamos evitar y lo que realmente merece nuestra atención.

Todos sabemos la importancia de una lista de tareas, pero dicha técnica no resulta tan útil como podrías creer, pues, *en cierta forma*, todos sabemos de forma inherente lo que deberíamos estar haciendo y cuándo deberíamos tenerlo listo. El acto de escribirlo solo nos ayuda a recordarlo. Esta acción aumenta las probabilidades de que cumplamos con nuestras obligaciones (más de las que tendríamos si no contásemos con dicha lista).

El problema que solemos desestimar es nuestra incapacidad de establecer prioridades, y, por consiguiente, no sabemos lo que deberíamos y *no deberíamos* estar haciendo. Todos los días, enfrentamos el desafío de elegir las tareas que tendrán el mayor impacto en nuestros planes, y son muchos los obstáculos subyacentes. Por lo tanto, tal como ocurre con una lista de tareas, es igual de importante hacer una *lista de antitareas*.

Los contenidos de una lista de antitareas podrían sorprenderte. Todos conocemos los males más comunes a evitar cuando intentamos aumentar la productividad: las redes sociales, perder el tiempo en internet, ver *The Bachelorette* en horario laboral o practicar con la flauta durante la lectura. Evidentemente, son actividades que no suponen beneficio alguno a la productividad.

Tienes que llenar tu lista de antitareas con actividades que, sin que te percates de ello, consumirán tu tiempo y pondrán tus objetivos en riesgo. Son tareas irrelevantes o que suponen una pérdida de tiempo, que no aportan nada a tu objetivo final, y que suponen un caso exacerbado de rendimientos decrecientes mientras más tiempo les dediques. Son inútiles, pero puede ser difícil distinguir entre tareas importantes y tareas irrelevantes, y esto exigirá cierta reflexión de tu parte.

Puede que al igual que con otros antimodelos mentales, seamos capaces de reducir prioridades con el simple hecho de eliminar lo que resulta irrelevante. Esto combina a la perfección con la matriz de Eisenhower que se explicó en un capítulo anterior.

Las listas de antitareas se dividen en varias categorías.

Primero, incluye tareas que podrían ser prioridades, pero que por circunstancias externas no puedas resolver en el acto. Son importantes de una u otra forma, pero se encuentran a la espera de la aprobación de otra persona o de que primero se completen tareas asociadas. Agrégalas a tu lista de antitareas porque, literalmente, no puedes hacer nada al respecto, así que no harán más que consumir tu energía mental.

Seguirán estando ahí cuando obtengas respuesta de la otra persona. Limítate a tomar nota de que estás esperando respuesta y de la fecha en que deberías tomar medidas en caso de no recibir dicha respuesta. Posteriormente, desecha la idea, pues ahora es responsabilidad de otra persona, no tuya.

Además, puedes librarte temporalmente de una obligación al solicitar más detalles y hacerle preguntas a la otra persona. Esto hace que sea su turno de actuar, y puedes emplear dicho tiempo para ponerte al día con otros asuntos.

Segundo, incluye tareas que no aporten nada a tus prioridades.

Hay muchos elementos pequeños que no aportan nada a tu objetivo final, y muchas veces son trivialidades (trabajo improductivo). ¿Puedes delegarlas, asignarlas a otra persona o incluso subcontratar a alguien para que se encargue de ellas? ¿Es estrictamente necesario que les dediques tu tiempo? En otras palabras, *¿merecen* tu tiempo? Además de ti, ¿alguien notará la diferencia si le delegas la tarea a otra persona? Al encargarte personalmente de la tarea, ¿estás siendo víctima del perfeccionismo? Tales tareas solo existen para aparentar productividad, pero no tienen impacto alguno desde una perspectiva más amplia.

Deberías dedicarte a tareas importantes que supongan un avance en el proyecto, y no tareas triviales e intrascendentes.

Tercero, incluye tareas que estén en curso pero que no se beneficiarán al dedicarles más esfuerzo y atención. En este tipo de tareas se aplica la ley de rendimientos decrecientes.

No son más que una pérdida de energía, porque a pesar de que aún tienen el potencial de optimizarse (¿y acaso existe algo que no lo tenga?), dicha optimización no marcará la diferencia en el resultado general, o puede que exija una cantidad desproporcionada de tiempo y esfuerzo sin marcar una diferencia considerable.

Para efectos prácticos, estas tareas deberían considerarse *terminadas*. No gastes tu tiempo en ellas, y no caigas en el error de considerarlas una prioridad. En cuanto termines con todo lo demás que tienes entre manos, puedes proceder a evaluar cuánto tiempo quieres dedicarle al perfeccionamiento de algún aspecto.

Si la tarea ya tiene el 90 % de la calidad que buscabas, es hora de ver qué otra tarea necesita tu atención para llevarla de 0 % a 90 %. En otras palabras, resulta mucho más útil tener tres tareas completadas con un 80 % de calidad que una con 100 %.

En la cuarta y última posición, ¡las tareas urgentes! Consulta el MM #1.

Cuando evitas a conciencia los elementos de tu lista de antitareas, te mantienes enfocado y eficiente. No desperdicias tiempo o energía, y tu nivel de producción diaria aumentará con creces.

Sería como leer un menú con platillos que no están disponibles. No tiene sentido. Al prevenir que tu energía sea mermada por aquellas cosas que consumen tu tiempo y atención, una lista de antitareas te permite concentrarte en lo que más importa.

Mientras menos cosas tengas rondando en la cabeza, mejor (el tipo de estrés y ansiedad que esta actitud genera no hace más que entorpecer o acabar con la productividad). Una lista de antitareas liberará tu mente de la carga de tener demasiadas actividades entre manos, pues eliminará la mayoría de dichas actividades. Puedes concentrarte en lo que aún sigue en juego y mantenerte constante en la culminación de cada tarea.

MM #23: Evita el camino fácil

Úsalo para tener más disciplina y fuerza de voluntad.

Muchas veces, nos vemos inclinados hacia el camino fácil. Podríamos incluso buscar la forma de convencernos de que este es el camino que deberíamos recorrer. En cualquier caso, terminamos enfrascados en una acción que se aleja de lo que más nos conviene. Somos una especie perezosa que no quiere esforzarse más de lo que exige el momento. Es fácil predecir lo contraproducente que esto puede resultar.

Este modelo mental gira en torno a evitar aquello que parece ser demasiado sencillo, demasiado fácil, y demasiado bueno para ser verdad (porque probablemente lo sea, y te alejas del verdadero camino que deberías estar recorriendo). Hay un camino *fácil* y un camino *correcto*; en la mayoría de los casos, irás por el camino correcto si te limitas a evitar el camino fácil. Busca lo difícil; busca los obstáculos, y regocíjate al saber que estás en el camino correcto. Lo más probable es que evitar las dificultades te aleje de tu objetivo.

Por ejemplo, ir al gimnasio debería ser lo correcto, mientras quedarse en casa sería lo fácil. Lo fácil sería buscar recetas saludables en internet, y lo correcto sería ir al supermercado y comprar los ingredientes. La acción que realices para aliviar tu culpa no es lo correcta, y aquello que parezca más difícil es el procedimiento más adecuado.

Lamentablemente, hacer lo correcto, por lo general, implica hacer lo difícil; de hecho, la mayoría del tiempo son prácticamente sinónimos, y eso es lo que reconoce este modelo mental. Si tu objetivo parece muy fácil de alcanzar, lo más probable es que estés pasando algo por alto. Simplemente, no hay atajos para las mayores recompensas de la vida, y es necesario enfrentar cierto grado de dificultad. En cierto sentido, las cosas sencillas suelen ser igual de difíciles, pero más resumidas.

Las personas toman el camino fácil de las formas más inconscientes, desde acortar la rutina de ejercicios hasta permitirse otro bocado de helado, tomar el ascensor en lugar de usar las escaleras, y comprar la versión estándar en lugar de la versión dietética de algún producto. Ni siquiera nos percatamos de que hay dos caminos, y de que estamos tomando el más apático.

Y así llegamos al meollo de este modelo mental: necesitas ser capaz de distinguir a conciencia si estás haciendo *eso*, o si estás haciendo lo *correcto*. ¿Qué camino estás transitando?

Cuando no sabes con certeza si estás haciendo lo correcto, *no lo estás* (y entonces te vez forzado a comparar la diferencia entre lo correcto y lo fácil). Si no estás haciendo lo que deberías, cualquier cosa que salga de tu boca será una mera excusa, así de simple. Cualquier cosa que venga después de la palabra "pero…", "es distinto porque…" o "bueno…" es el reconocimiento innato de que vas por el camino difícil. Eso es positivo.

En lugar de irte por las ramas y alimentar tu ego, intenta declarar en voz alta cuáles son los dos caminos que estás considerando y califica tus acciones de forma honesta entre correctas o fáciles.

Tienes una hora libre. Trotar para adelgazar: lo correcto. Omitir una rutina de ejercicios: lo fácil. Reducir la sesión de ejercicios: lo fácil. Ir por comida rápida: lo fácil. Comprometerte a comer una ración específica para el almuerzo: lo correcto. Convencerte de que te duele el pie y que mereces un descanso: probablemente lo más deshonesto, pero fácil.

Y cuando sientas que estás tomando el camino fácil, cuestiónate cuál es el motivo. Pista: no es "hace mucho calor para salir" o "es demasiado tarde"; de hecho, el motivo es "Hoy no saldré a trotar porque soy perezoso y tengo problemas de compromiso y disciplina". En la práctica, te vuelves brutalmente honesto y conflictivo contigo mismo, lo que en ocasiones supone la única forma de hacerte entender el mensaje.

Siempre querrás afirmar que estás haciendo lo correcto, y eso generalmente implicará un esfuerzo adicional. Sin embargo, cuando lo haces de forma constante, ese esfuerzo adicional rinde sus frutos. Por ejemplo, la magia del interés compuesto de las cuentas de ahorro. Pequeñas decisiones a lo largo de períodos prolongados de tiempo es lo que subyace detrás del verdadero éxito y progreso.

Al principio, hacer lo correcto podría parecer el camino más difícil, pero cuando se vuelva algo constante, termina siendo el camino más eficiente para cumplir tus metas.

Este cálculo implica que debes determinar cuál es tu objetivo concreto; ¿cuáles son las acciones correctas para lograr un objetivo en específico? Solo cuando conoces el objetivo final puedes determinar si una acción en particular te aleja o te acerca a dicho objetivo. La última parte de este modelo mental, la que te muestra cómo asegurarte de estar evitando el camino fácil, funciona mejor si hay un futuro concreto que puedas visualizar. De lo contrario, ¿de qué sirve tanto esfuerzo y perseverancia?

Por lo tanto, la próxima vez que te debatas entre el camino fácil y el camino correcto, haz una pausa y pregúntate cómo te sentirás dentro de 10 minutos, 10 horas y 10 días.

Puede que no parezca muy eficaz, pero rinde sus frutos porque te obliga a pensar en tu "yo" del futuro y cómo tu camino actual (sea cual sea) afectará tu futuro (para bien o para mal). Muchas veces, podríamos estar conscientes de estar cayendo en la tentación de tomar el camino fácil, pero esto no es suficiente para evitar que lo hagamos, pues no tenemos conexión alguna con las consecuencias. Pensar en términos de 10/10/10 crea dicha conexión de inmediato.

¿Por qué intervalos de 10 minutos, 10 horas y 10 días? Porque te ayuda a comparar el placer/comodidad a corto plazo que genera el camino fácil con las consecuencias a largo plazo. A los diez minutos, puede que te sientas bien, quizá con una minúscula sensación de vergüenza abriéndose paso en tu interior. Diez horas después, sentirás poco más que vergüenza y arrepentimiento. Diez días después, puede que te consuma el arrepentimiento al notar algunas de las consecuencias negativas que tu decisión o acción ha tenido en el cumplimiento de tus objetivos a largo plazo. No obtienes beneficio alguno y, en algunos casos, retrocedes.

Por ejemplo, imagina que apliques esta regla al decidir si te saltarás un día de gimnasio para ir a cenar con los colegas. Si acabas de comenzar en el gimnasio y aún no se ha vuelto un hábito, tu decisión de saltarte un día podría aumentar las probabilidades de seguir faltando o abandonarlo por completo.

¿Cómo te sentirás en 10 minutos, 10 horas, y 10 días? En diez minutos: bien, con una ínfima sensación de arrepentimiento, pues aún sientes el sabor de la lasaña o el helado. El placer sigue siendo tangible. En diez horas: te arrepientes casi por completo, pues el placer ya se esfumó y además rompiste la dieta. En diez días: arrepentimiento total, pues tu acto de indisciplina ya no tiene sentido alguno y no es más que un recuerdo lejano. La lasaña no tiene un beneficio a largo plazo, pero sí un costo. El camino difícil es el que te llevará hacia tus metas.

Moralejas:

- Es inevitable; así es como nos criaron. Por supuesto, no necesariamente quiere decir que esté mal. Me refiero al hecho de ir tras el éxito en lugar de evitar las consecuencias negativas. Aunque otros capítulos del libro giran en torno a modelos mentales, este presenta antimodelos mentales para demostrar que es posible obtener el mismo grado de éxito concentrándonos en un único aspecto: la evasión.
- Modelo mental #19: Evita los objetivos directos. Los objetivos directos son como apuntar a la luna, mientras que los antiobjetivos, u objetivos inversos, consisten en evitar estrellarnos y hacer todo lo posible para prevenirlo. Tienen la misma probabilidad de éxito que los objetivos directos, pero podrían ayudarte a alcanzarloS de forma más rápida y eficiente. Limítate a identificar

los factores que causarían una situación adversa, y dedícate a prevenirlos.

- Modelo mental #20: Evita pensar como experto. Los expertos piensan en términos generales y pueden llegar a prestarle poca atención a los pequeños detalles. Los detalles, por muy ilógico que suene, suelen recibir más atención de los novatos, pues estos se encuentran asimilando nueva información y experimentando el proceso a un ritmo más pausado. Pensar como experto en un área específica probablemente implicará que cometerás pequeños errores, pues partes de ideas preconcebidas y te concentras en los efectos e ideas generales.

- Modelo mental #21: Evita salir de tu zona de talento. Todos tenemos ventajas innatas en ciertas áreas, y sin importar lo mucho que nos esforcemos, nunca alcanzaremos un desempeño superior a lo mediocre en otras áreas. Reconoce tus fortalezas, y aunque no deberías dejar de intentar mejorar tus puntos débiles, tienes que identificar las áreas en las que serás más eficiente.

- Modelo mental #22: Evita las listas de tareas. De hecho, te conviene crear una lista de "antitareas". El acto de descartar las tareas improductivas, y aquellas que resultan irrelevantes, liberará mucho espacio en tu agenda. Esto implica que tendrás menos estrés y ansiedad, y que sabrás con exactitud cuáles son tus prioridades.

- Modelo mental #23: Evita el camino fácil. ¿Algo parece demasiado fácil? Es demasiado bueno para ser cierto. Evítalo. Busca lo difícil, pues esa es la señal inequívoca de que vas por el camino correcto. Día a día, se nos presentan dos opciones: la fácil y la correcta. Generalmente, ni siquiera nos percatamos de tener la libertad de elegir, pero cuando comienzas a calificar tus opciones con honestidad, podrías descubrir que tu instinto de evitar lo difícil no es más que una forma de autosabotaje.

Capítulo 5. Métodos clásicos: ¡Por algo han sobrevivido al paso del tiempo!

A estas alturas del libro, es probable que ya te hagas una buena idea de cómo usar los modelos mentales. Son filtros que puedes adoptar en distintas circunstancias para garantizar que aprecies la situación de forma integral y tomes la decisión más inteligente que puedas. Te ayudan en áreas o situaciones que desconoces o que aún debes perfeccionar.

Los modelos mentales presentados en este último capítulo no necesariamente pertenecen a alguna de dichas categorías. En general, son conocidos como *leyes epónimas*, lo que no es más que un término sofisticado para expresar que deben su nombre a una persona (generalmente la persona que realizó la observación o descubrimiento).

He allí otra de las diferencias de estos modelos: surgen de la observación de patrones en la vida real, por más pequeños e insignificantes que sean. Sin embargo, dentro de dichos patrones se encuentran lecciones que pueden extrapolarse a tu estilo de vida. Puede que algunos de ellos te resulten familiares, pero veamos si las definiciones e implicaciones concretas difieren de lo que has escuchado anteriormente.

MM #24: La ley de Murphy

Úsalo para asegurarte de no dejar nada a la suerte.

Hay días donde sufrimos una caída de camino al trabajo, justo cuando nos pusimos pantalones blancos. Al llegar a la oficina, nos sentamos en una silla sucia, así que ahora ambos lados de los pantalones están sucios. Al finalizar la jornada laboral, una pelota de baloncesto nos impacta por el costado; ahora los pantalones están sucios por todos los ángulos.

¿Has sentido alguna vez que todo te sale mal, y que las desgracias te ocurren una tras otra? Tanto sufrimiento repentino puede parecerte cosa de película. Bienvenido a la sensación que produce la *ley de Murphy: cualquier cosa que pueda salir mal, saldrá mal.*

Si dejas caer una tostada con mantequilla, inevitablemente caerá del lado donde untaste la mantequilla. Si te pones pantalones blancos, inevitablemente serás rociado con un líquido oscuro. Si acabas de lavar el auto, un ave defecará sobre el capó. Si acabas de comenzar la dieta, tu pareja llegará con un pastel de queso que se ganó. Supongo que ya entiendes la idea: si existe, te verás involucrado en la peor situación posible de cualquier aspecto en el que te estés concentrando.

La mayoría del tiempo, se utiliza a modo de broma para quejarse de las coincidencias, y existen ciertas variantes que transmiten la misma sensación de *infortunio en cada situación posible*. Dichas variantes incluyen:

- Primer corolario de Murphy: Si no se interviene, las cosas suelen ir de mal en peor. Cualquier intento de tu parte en corregirlas no hará más que acelerar el proceso.

- Segundo corolario de Murphy: Es imposible hacer algo a prueba de tontos, pues los tontos son muy ingeniosos.

- Constante de Murphy: El daño que reciba la materia será directamente proporcional a su valor.

- Corrección cuantizada de la Ley de Murphy: Todo sale mal a la vez.

- Observación de Etorre: La otra fila siempre avanza más rápido.

A estas alturas, lo más probable es que ya te entiendas la idea. Por pequeña que sea la posibilidad de que algo salga mal, *así será*. Sin embargo, como aprenderás a continuación, la ley de Murphy tiene usos bastantes prácticos.

La ley de Murphy es un concepto relativamente nuevo. En 1928, un mago llamado Adam Shirk escribió que en un acto de magia, nueve de cada diez cosas que pueden salir mal, suelen hacerlo. Esto pasó a ser de conocimiento público un par de décadas más tarde en 1949, cortesía de un ingeniero de la Fuerza Aérea de los Estados Unidos: el Capitán Edward Murphy.

Se dedicaba a diseñar aviones, y como podrás imaginar, las cosas no le salían muy bien que digamos. Tras una serie de pruebas y diseños fallidos, terminó declarando: "Si existen dos alternativas, y una de ellas terminará siendo un desastre, la haré de todos modos". Con el tiempo, dicha frase evolucionó hasta convertirse en "todo lo que pueda salir mal, saldrá mal", y posteriormente se convirtió en una especie de advertencia entre ingenieros y diseñadores de la Fuerza Aérea.

Al final, se reveló que el historial de seguridad casi perfecto de la Fuerza Aérea se debía a la ley de Murphy y a cómo esta fomentaba las comprobaciones extensivas, verificaciones, y experimentos rigurosos a prueba de errores.

Y es allí donde entra la parte del modelo mental de la ley de Murphy. Nos recuerda que todo está sujeto a errores y fallas. En ocasiones, una falla supone una coincidencia que simple y llanamente no pudo ser prevista o anticipada. En otras, una falla representa una serie sistemática de errores en la que la falla resultaba inevitable.

Por ejemplo, ¿cómo influenciaría la ley de Murphy a un paracaidista? Tener un paracaídas sería una excelente idea. Tener dos paracaídas, sería incluso mejor. Y tener tres, es igual de brillante.

La ley de Murphy es lo que se encuentra detrás de los experimentos a prueba de errores, planes de respaldo, y planes de contingencia que existen en el mundo. Nos insta a realizar una comprobación rigurosa, incluso cuando tenemos un 99 % de certeza sobre algo. ¿Con qué frecuencia falla un paracaídas? Probablemente sea una cifra infinitesimal, pero apuesto que no saltarías de un avión usando un paracaídas que no ha sido verificado recientemente.

Depender de los humanos no es una jugada muy inteligente, pues los humanos son, en general, idiotas negligentes (incluyéndome a mí).

Si crees que todo salió según lo planeado, probablemente no fue así. Esto aplica a casi cualquier actividad humana: desde un niño resolviendo un examen de matemáticas hasta un electricista reparando un horno, un chef cocinando langosta y un ingeniero aeroespacial enviando un cohete al espacio exterior. Si tomas en cuenta la ley de Murphy, puedes cambiar de forma drástica la forma en que abordas la certeza.

¿Cuáles son las pequeñas fisuras que la ley de Murphy podría solucionar? ¿Qué elemento necesita verificación o confirmación? ¿Qué parte de mi plan (receta, examen, tarea) no estoy del todo seguro que *vaya a funcionar*? Planifica en previsión al peor de los casos, y al igual que con los antimodelos mentales, procura evitar los resultados *no deseados*, en lugar de fijar la mirada en lo que *sí* deseas alcanzar.

Puede que te salgas con la tuya, pero no es una mentalidad a la que deberías recurrir de forma constante.

MM #25: La navaja de Occam

Úsalo para determinar la probabilidad de algo.

Si afirmas ver un "objeto volador" en el aire, ¿qué crees que sería?

A. La nave especial de los reptiloides, quienes regresan a recuperar su planeta.

B. Vestigios antiguos de los seres que construyeron las pirámides. ¿Quizá reptiloides?

C. La resurrección de Zeus, rey de los antiguos dioses griegos del Olimpo.

D. Ninguna de las anteriores.

Ahora bien, existen muchas razones de peso para que elijas la opción D. Sin embargo, la navaja de Occam expresa la razón principal: la opción más simple es probablemente la correcta.

Cuando buscas la explicación de algún evento o situación, podrías tratar de analizarlo mediante diversos enfoques y teorías (cada uno más complejo que el anterior). Estas serían las opciones A, B y C.

Aunque este tipo de lluvia de ideas rinde sus frutos, no siempre es la mejor opción por una razón muy simple: a mayor cantidad de factores, menor probabilidad de que sea la opción correcta. Por lo tanto, a menor cantidad de factores involucrados, mayor probabilidad de que sea la opción correcta.

Esa es la idea central del principio de la navaja de Occam, la cual fue abogada por el teólogo y filósofo del siglo 14, Willian de Ockham (la escritura ha cambiado con el tiempo).

Originalmente, la navaja de Occam se expresaba como "Las entidades no deberían multiplicarse más de lo necesario". En pocas palabras, no se debería complicar la resolución de problemas al incluir demasiadas hipótesis, variables o factores superfluos adicionales. Extrayendo de dicho principio original, hoy en día la navaja de Occam suele expresarse como *"La explicación más simple suele ser la correcta"* o "Mientras más conjeturas debas realizar, menos probable será la explicación".

Es por ello que la opción D es la correcta. Es la respuesta más simple con la menor cantidad de variables. Por consiguiente, es la explicación más probable.

Tu instinto inicial, por extraño que parezca, no es optar por la opción más sencilla con el menor número de variables. Generalmente, optamos por la explicación más libre, accesible o alarmante, la cual suele representar lo que quieres ver en una situación o lo que quieres *evitar* a toda costa.

Por ejemplo, te despiertas una despejada mañana de verano para descubrir que el contenedor de basura fue volcado durante la noche, y tu basura se encuentra esparcida por toda la entrada. Podrías desarrollar varias teorías sobre lo que ocurrió:

- Cayó un rayo, impactó el contenedor de basura y lo volcó.

- Una pandilla juvenil que solo busca el caos y la anarquía decidió volcar tu contenedor de basura.

- Una araña extraterrestre atravesó un agujero espacio-temporal en el cosmos y revisó tu contenedor de basura buscando una sustancia que la llevase de vuelta a su planeta natal.

- Uno de los mapaches del vecindario volcó tu contenedor de basura mientras buscaba comida.

De acuerdo a la navaja de Occam, la respuesta correcta probablemente sea la más sencilla; aquella que no requiera de un montón de rodeos mentales o teorías poco realistas para ser explicada. Mientras menos variables tenga, mejor. El mapache es solo una, y supone una variable que al menos tiene la posibilidad de ser real.

Con las otras tres posibilidades, tendrías que desarrollar teorías algo complicadas para explicar cómo ocurrieron. Cada factor adicional que agregas disminuye de forma sustancial la probabilidad en general.

¿Cómo podría caer un rayo en una noche despejada de verano? ¿Qué tan posible es que una pandilla se divierta derribando contenedores ajenos de basura? ¿Son tan incompetentes las arañas extraterrestres que necesitan rebuscar entre tu basura?

Este ejemplo en particular es un poco exagerado, pero el principio de la navaja de Occam puede aplicarse en situaciones cotidianas cuando intentamos descifrar o explicar los problemas que rodean cierto evento. Mientras más complicadas o enrevesadas se tornen las explicaciones, menos probabilidades tienen de ser la verdad. La vida no es como la trama de *Inception*.

Este modelo mental nos incentiva a partir de la explicación más simple y añadir factores adicionales de forma pausada y cuidadosa, uno a la vez. La navaja de Occam es un principio, no una regla. Hay ocasiones en las que la respuesta más simple *no* será la correcta; bien podría tratarse de algo que involucre muchos factores complejos. No se deberían descartar *todos* los escenarios complejos. Además, si la respuesta sencilla no se encuentra fundamentada en datos o evidencia sólida, es inválida; no debería tratarse de algo que sea fácil de entender pero que no esté respaldado por medios demostrables.

Sin embargo, en general, la navaja de Occam es el mejor método para *comenzar a abordar* un problema. Toma en cuenta la interpretación más simple, realista y de explicación más sencilla, y solo plantéate explicaciones más intrincadas si parecen razonables. Las explicaciones excesivas o los elementos innecesarios no harán más que distraerte del problema original. No permitas que tus instintos creativos influyan demasiado al intentar entender una situación; en la mayoría de los casos, la solución más básica y elemental es la más acertada.

MM #26: La navaja de Hanlon

Úsalo para explicar las acciones otorgándoles el beneficio de la duda a los demás.

Aunque el mundo es complejo, suele funcionar de forma simplista y directa. Esa es la idea que fomenta la navaja de Occam, y la navaja de Hanlon hace lo mismo de una forma ligeramente distinta.

Su origen se remonta a 1774, cuando Robert Hanlon expresó: *"Jamás atribuyas malicia a aquello que puede ser debidamente explicado como negligencia"*. La versión más moderna y difundida es *"Jamás atribuyas malicia a aquello que puede ser debidamente explicado como incompetencia*", y suele ser atribuida a Napoleón Bonaparte, a pesar de que existen razones de peso para creer que pertenece al autor Robert Heinlein.

Ahora bien, ¿cómo se relaciona a la navaja de Occam y a la inclinación por las explicaciones sencillas con la menor cantidad de variables posibles? Porque realizar una conjetura sobre las intenciones y motivaciones de una persona con base en sus acciones es, bueno, una conjetura tremenda. La causa más probable detrás de la maldad, o de cualquier otra intención negativa, es la negligencia o incompetencia.

En otras palabras, es más fácil que una persona haga algo negativo por negligencia o incompetencia, y hace falta un poco más para afirmar con certeza que fue cuestión de maldad. Ya que carecemos de poderes psíquicos, jamás seremos capaces de conocer las verdaderas intenciones de las personas.

Este modelo mental asume su forma más simple en el ámbito de las interacciones sociales. Si asumes que aquellos que te rodean no tienen más que buenas intenciones hacia tu persona, tus relaciones interpersonales mejorarán de forma considerable.

Supongamos que quieres una marca específica de cereal en el supermercado, pero una persona dos pasos delante de ti se lleva la última caja. Te invade la suficiente ira e indiscreción para confrontar a esta persona, y exclamas: "¿Tienes idea de cuánto lo quería? ¡Qué desconsiderado!". La otra persona ni siquiera se molesta en volverse. Posteriormente, al observarla en la fila para pagar, descubres que era sorda y no te escuchó.

Probablemente te sientas como un tonto. Acabas de generar ira y ansiedad en una situación donde no tenían que existir. Pudiste haber mantenido la calma y haberle restado importancia, pero no lo hiciste. La navaja de Hanlon te obliga a separar tu ego herido de la situación y a analizarla asumiendo que todos los involucrados tenían la mejor de las intenciones. En ocasiones, las personas son distraídas y desconsideradas, incluyéndote a ti, pero generalmente no significa lo que tú crees. La empatía en sí es un modelo mental.

Y aun así, esto no significa que debamos bajar la guardia. Cuando aplicas este modelo mental de forma general, te vuelves insensible ante la maldad. Esto es peligroso; la persona que camina tras de ti a altas horas de la noche, siguiéndote después de haber cruzado en cinco esquinas, probablemente no lo esté haciendo por negligencia o incompetencia.

MM #27: El principio de Pareto

Úsalo para determinar qué recibirá mayores beneficios de tu tiempo y recursos.

Recuerdo claramente cuando comencé a escribir cada vez más. Me pasaba horas dándole vueltas a aspectos que en realidad no importaban, aunque en aquel momento no lo sabía. Esto puede derivar fácilmente en perfeccionismo y parálisis del análisis, y yo no fui la excepción.

Debido a lo increíblemente comprometido que me sentía y a que quería inculcar la mayor cantidad de valores posibles, dediqué una cantidad excesiva de tiempo a realizar cambios y ediciones insignificantes que solo yo sería capaz de notar. Supongo que mis intenciones eran buenas, pero eso no es lo que hace que una empresa tenga éxito.

El mensaje y efectividad eran prácticamente iguales, pero modificaba las oraciones una y otra vez hasta que me sentía satisfecho. Como consecuencia, tardé casi un año en escribir y editar mi primer libro. Esto no quiere decir que el control de calidad no sea importante. Sin embargo, ahora me doy cuenta que no tiene sentido devanarse los sesos por cada una de las palabras del libro, sobre todo si el mensaje y la efectividad en general no cambiarán o mejorarán. Después de todo, ¿qué es lo más importante para un libro? Si es de ficción, la trama y los personajes. Si es de no ficción, que las lecciones sean claras. En cualquier caso, elementos en los que no me estaba concentrando. En cualquier actividad, son pocas las cosas que realmente marcan la diferencia, y dedicarse a las nimiedades suele ser una pérdida de tiempo.

El motivo principal para dicho fenómeno es la *regla del 80/20*, también conocida como el *principio de Pareto*, nuestra ley epónima convertida en modelo mental.

El principio de Pareto fue bautizado en honor a un economista italiano que percibió de forma acertada que el 80 % de bienes raíces en Italia pertenecía únicamente a un 20 % de la población. Comenzó a preguntarse si la misma distribución aplicaba a otros aspectos de la vida. De hecho, tenía razón.

El principio de Pareto aplica en cualquier ámbito de nuestra vida: nuestro trabajo, relaciones, profesión, calificaciones, pasatiempos e intereses. La mayoría de cosas siguen la distribución de Pareto, donde existe una proporción un tanto sesgada entre inversión y resultado. Se trata de encontrar lo que más te convenga.

- El 80% de los resultados que esperas obtener de una tarea será producido por el 20 % de las actividades y esfuerzos que dediques a la misma.
- El 20 % de las tareas generan el 80 % de los resultados.
- El 80 % de alegría que obtengas provendrá del 20 % de las situaciones.

- El 20 % de las tareas marcará la diferencia en el 80 % de éxito en un proyecto.
- El 80 % de tus problemas son causados por el 20 % de las mismas personas.
- El 20 % de tu ropa representa el 80 % de tu vestuario habitual.

En cierta forma, este concepto se encuentra relacionado a un modelo mental de un capítulo anterior que giraba en torno a los rendimientos decrecientes. Mientras mayor sea la inversión por encima del 20 % de algo, el rendimiento decrecerá en mayor medida. Por consiguiente, a menos que uno de tus objetivos concretos sea desarrollar al máximo el desempeño o eficiencia de un elemento, deberías concentrarte en ese 20 % en específico, en lugar del otro 80 % de las tareas.

Este modelo mental tiene una propuesta y lección bastante simple: identifica el 20 % de inversión que genera el 80 % de los resultados en un área que quieras mejorar y concéntrate en ello. No intentes hacerlo todo de una vez; concéntrate en lo que realmente supone un progreso y genera más del resultado que deseas.

Por ejemplo, si estableces el objetivo de adelgazar, perderás 80 % del peso haciendo solo el 20 % de las acciones que crees que deberías hacer, como beber agua para combatir la sensación de hambre e ir al gimnasio tres veces a la semana. Todo lo demás, como hacer el conteo de calorías, llevar un Tupperware a todos lados con pollo y brócoli, hacer dietas extremas o sudar la grasa en el sauna, es el 80 % de esfuerzo que solo supondrá el 20 % de los resultados. Por lo tanto, concéntrate en hacer ese 20 % de las acciones lo mejor que puedas, e ignora el resto. Dedicarte a ese 80 % de las acciones es prácticamente inútil, a menos que quieras ser modelo.

Si tu negocio vende una amplia gama de productos, pero 80 % de las ventas provienen de un pequeño subconjunto de productos con temática de Mickey Mouse, ¿qué crees que deberías hacer? Probablemente descartar los demás productos y expandir la mercancía de Mickey Mouse.

Las tareas que crees que marcan la diferencia, en realidad no lo hacen; ni en tus objetivos generales, ni en el resultado final, ni en la opinión de aquellas personas cuyas críticas tanto temes. Dichas tareas no son más que trivialidades, de forma similar a lo que veremos pronto en el MM #30. El objetivo no es tomar atajos, sino maximizar la eficiencia.

La aplicación resulta bastante evidente en contextos laborales y productivos. En lo que respecta al disfrute de la vida en general mediante actividades o relaciones, funciona de la misma forma; no tienes que hacer más que reemplazar "cómo hacer **más** dinero con **menos** esfuerzo" con "cómo ser más feliz con **menos** esfuerzo". Los mismos problemas se extrapolan; 20 % de tus relaciones supondrán el 80 % de tu felicidad, y 80 % de tu disfrute se deberá al 20 % de tus pasatiempos.

El principio de Pareto es un modelo mental que fomenta la eficiencia y la proporción más óptima entre inversión y resultado. ¿Cuáles son las tareas que generan el mayor impacto, independientemente de los detalles o la compleción? Encárgate primero de dichas tareas; podrían adecuarse a tus propósitos. Enfócate en los resultados y no te enfrasques en lo irrelevante.

MM #28: La ley de Sturgeon

Úsalo para administrar con prudencia tus recursos mentales.

Conocida originalmente como la "revelación de Sturgeon", esta guía fue propuesta por el escritor de ciencia ficción Theodore Sturgeon (1918–1985).

En una columna de 1958, el escritor tuvo la oportunidad de defender su género predilecto, pues la ciencia ficción de la época no había superado del todo su reputación de literatura barata. Sturgeon sentía que los críticos basaban su opinión sobre la ciencia ficción en los peores exponentes. "Partiendo de los mismos estándares de que el 90 % de ciencia ficción es basura, inservible, o irrelevante, podríamos decir que el 90 % de películas, literatura, productos, etcétera, también es inservible".

Y así nació la ley de Sturgeon: *"El 90 % de todo es inservible"*.

La frase se popularizó cuando Sturgeon la usó para describir arte y productos. Adoptó el significado de que debido a que la mayoría de cosas que consumimos, leemos, vemos o probamos es inservible, tenemos que dejar de dedicarles tanto tiempo. En lugar de ello, deberíamos concentrarnos al 10 % que sí resulta significativo, edificante o beneficioso de alguna u otra forma.

Básicamente, la ley de Sturgeon es una versión más colorida y restrictiva del principio de Pareto. Y al igual que el principio de Pareto, puede aplicarse en casi cualquier aspecto de la vida. La ley de Sturgeon no hace más que subir el listón.

Para propósitos de la discusión actual, la ley de Sturgeon implica que la gran mayoría de la información es de mala calidad. Incluso podrías decir que el 90 % de lo que *pensamos* día a día no vale la pena. Y hasta cierto punto, es verdad. Nuestro cerebro realiza millones de conexiones neuronales todos los días; ciertamente, la mayoría no son necesarias o siquiera útiles.

Con buen juicio, la ley de Sturgeon tiene dos funciones. Primero, considerar que gran parte de la información que podríamos utilizar para evaluar algún elemento es innecesaria, deficiente, insignificante o errónea sin más. Segundo, no deberíamos obsesionarnos mucho con lo negativa que resulta dicha información; por el contrario, deberíamos concentrarnos en las ideas y procesos que resulten positivos.

Por lo tanto, cuando intentamos resolver un problema o entender algún aspecto, deberíamos concentrarnos en los componentes más vitales o en la información más confiable y demostrable. No inviertas mucha energía en los errores habituales o en los elementos más irrelevantes. La ley de Sturgeon establece que su inferioridad los hace triviales, así que estos resultan prescindibles. Y tal como sugiere la navaja de Occam, prestarle demasiada atención a lo innecesario no hará más que hacernos perder de vista lo esencial.

Por supuesto, existen algunas advertencias sobre la ley de Sturgeon. Los estándares de cada persona son relativos, y algunas cosas que personalmente consideramos inservibles podrían ser valiosas para alguien más. La proporción también puede variar: en ciertos casos, puede que solo tengas un 75 % de elementos inservibles. Y dentro de ese 10 % de elementos "servibles", no todo será perfecto. Algunos solo serán ligeramente superiores a lo inservible.

Sin embargo, como método para aclarar y simplificar nuestro razonamiento, y para contrarrestar en cierta medida nuestra tendencia mental de divagar en direcciones triviales o irrelevantes, la ley de Sturgeon es, sin lugar a dudas, un enfoque libre de elementos inservibles que podemos adoptar. Identifica el 10 % que esté libre de elementos inservibles y úsalo como base para comenzar a trabajar. Al final, este modelo mental nos invita a ser selectivos con nuestro tiempo y energía, y a mantener un escepticismo constante sobre lo elementos a los que damos cabida en nuestra vida.

MM #29-30: Las leyes de Parkinson

Úsalo para vencer la procrastinación y aprovechar el tiempo al máximo.

El historiador británico Cyril Parkinson era un hombre de muchos talentos, pero para propósitos de este modelo mental, nos centraremos en las dos leyes epónimas que con el tiempo fueron nombradas en su honor, estando ambas relacionadas con la productividad.

La primera de dichas leyes se llama *ley de la trivialidad de Parkinson*, también conocida como el efecto del cobertizo para bicicletas. La historia detrás de esta ley es que se nombró un comité para diseñar una planta nuclear. Obviamente era una gran iniciativa, así que debían tomarse medidas apropiadas para abordar los mecanismos de seguridad y las implicaciones ambientales de construir una nueva planta nuclear.

El comité se reunía con regularidad y fue capaz de solventar la mayoría de problemáticas ambientales y de seguridad. Incluso lograron garantizar que la planta nuclear tuviese una estética placentera que sirviese para atraer a los mejores ingenieros.

Sin embargo, a medida que el comité se reunía para abordar el resto de asuntos, había uno que no dejaba de aparecer: el diseño de un cobertizo de bicicletas para los empleados que utilizaban dicho medio de transporte.

Esto incluía el color, carteles, materiales a utilizar, y el tipo de soporte para las bicletas. El comité no lograba superar dichos detalles; detalles que eran irrelevantes dentro de la perspectiva más amplia de construir una planta nuclear. El comité seguía centrándose en las características pequeñas y triviales que no eran más que cuestión de opinión y subjetividad.

Parkinson resumió el fiasco del cobertizo de la siguiente manera: "El tiempo invertido en cualquier elemento de la agenda será inversamente proporcional a la suma [de dinero] involucrada".

Allí radica la esencia de la ley de trivialidad de Parkinson. Las personas tienen tendencia a enfrascarse y pensar de más en los pequeños detalles que resultan irrelevantes dentro del contexto general de una tarea, y lo hacen a detrimento de los asuntos más trascendentales que, sin lugar a dudas, tienen mucha más importancia. Inconscientemente, las personas dedican una cantidad desmesurada de tiempo y atención a las trivialidades; estas son tareas que, si pudieses verlas en perspectiva y evaluarlas, te harían preguntarte: "*¿A quién demonios le importa esto?*"

Este es el típico caso en el que los árboles te impiden ver el bosque (¿te recuerda un modelo mental anteriormente expuesto?) y te alejan inconscientemente de la línea de meta. Existen dos motivos principales para este fenómeno.

La primera es la procrastinación y evasión. Cuando las personas quieren procrastinar sobre un tema, suelen intentar mantenerse productivos haciendo algo que parezca productivo. Los detalles triviales siguen siendo detalles que deben ser abordados en algún momento, y son elementos que podemos modificar una y otra vez. Sentimos que estamos haciendo algo en lugar de entregarnos al sedentarismo.

Es por ello que iniciamos una jornada de limpieza cuando estamos aplazando un compromiso laboral. Estamos evitando el trabajo inconscientemente, pero reconfortándonos al pensar: "*¡Al menos hice algo productivo!*"

Enfrascarse en lo trivial es el equivalente a limpiar el baño para evitar trabajar. En cierta forma estás haciendo algo productivo, pero no de una forma que aporte a tu objetivo general. Es por ello que cuando los miembros del comité no sabían cómo abordar los problemas de seguridad, se dedicaban a algo que, en teoría, sí *podían* resolver: un cobertizo para bicicletas.

Las tareas triviales deben ser abordadas en algún momento, pero necesitas evaluar cuándo deberías abordarlas. La trivialidad puede escabullirse en tu vida como el placebo de la productividad genuina.

Segundo, y esto aplica más en situaciones grupales, la ley de trivialidad podría deberse a individuos que desean realizar algún tipo de contribución, pero terminan siendo incapaces de hacerlo excepto en los asuntos más triviales. Pertenecen al comité, pero no tienen el conocimiento o experiencia para contribuir en los problemas más importantes.

Sin embargo, cualquiera puede visualizar un sencillo y económico cobertizo para bicicletas, así que planificar la construcción de uno podría dar pie a discusiones infinitas, pues todos los involucrados quieren agregarle su toque, realizar un aporte, y demostrar su inteligencia. Es un acto completamente egoísta.

La primera y única razón para llamar a una reunión es para resolver los problemas trascendentales que requieren la opinión de varias personas. Encerrar a un grupo de personas en una sala y dejarles compartir ideas es un método bastante probado para llevar a cabo una tarea (si tienes una agenda a la cual ceñirte). Cualquier otra tarea debería ser abordada de forma independiente; de lo contrario, el nivel de discusión se reducirá inevitablemente al denominador común más bajo de la sala.

Si alguien comienza a hablar sobre algo que no está en la agenda, sabrás que la trivialidad está en la puerta. Si alguien le da mil vueltas a un aspecto trivial de un proyecto de mayor envergadura, la trivialidad ya entró a la sala. Si sientes la necesidad repentina de organizar tu cajón de calcetines mientras trabajas en un problema particularmente complejo, la trivialidad ya se preparó una taza de té y se está poniendo cómoda.

Cuando te enfrascas en tareas pequeñas que podrían no necesitar ajuste alguno o que no generan impacto alguno en tu objetivo general, es hora de tomar un descanso y recargar baterías en lugar de fingir productividad.

La clave para utilizar este modelo mental y combatir la trivialidad involucra tres pasos: (1) tener una agenda estricta, bien sea una lista de tareas, calendario o alguna otra técnica, de manera que sepas en qué concentrarte y qué ignorar; (2) conocer tus objetivos generales del día y cuestionarte de forma constante si la actividad actual contribuye con dichos objetivos o los evita; y (3) saber identificar cuando estás comenzando a perder energía, de manera que puedas prevenir las actividades improductivas.

El simple hecho de estar consciente del problema ya es gran paso en lo relativo a vencer la ley de trivialidad de Parkinson.

La otra ley de Parkinson se conoce simplemente como *ley de Parkinson*, y es indiscutiblemente más famosa. Una de las cosas que un procrastinador compulsivo podría decir para justificar sus acciones es que trabaja mejor bajo presión: "¡Soy más eficiente cuando se acerca la fecha de entrega!"

La ley de Parkinson afirma que *el trabajo se expande para abarcar el tiempo disponible para su compleción*. Independientemente de la fecha límite que te impongas, lejana o inminente, ese es el tiempo que te tomará completar el trabajo. Si te impones un límite flexible, evitarás la disciplina; si te impones una fecha estricta, puedes recurrir a ella.

Parkinson observó que a medida que la burocracia se expandía, su eficiencia disminuía en lugar de aumentar. Mientras más tiempo y espacio se les brindaba a las personas, más exigían; un hecho que Parkinson notó que aplicaba a una amplia gama de circunstancias. La forma general de la regla se convirtió en que aumentar el tamaño de algo reduce su eficiencia.

En relación a la concentración y el tiempo, Parkinson descubrió que las tareas sencillas se hacían cada vez más complejas con el propósito de alargarse de acuerdo al tiempo disponible para ser completadas. Disminuir el tiempo disponible para completar la tarea hacía que la misma se volviese más sencilla y se completase con mayor velocidad.

Trabajando con base en la ley de Parkinson, un estudio realizado por estudiantes universitarios descubrió que aquellos que se imponían fechas límite estrictas para completar las tareas exhibían un desempeño consistentemente superior al de aquellos que se brindaban una cantidad de tiempo excesiva o que no establecían límite alguno. ¿Por qué?

Las limitaciones artificiales que habían establecido para su trabajo los hicieron ser más eficientes que sus contrapartes. No dedicaron tanto tiempo preocupándose por las tareas porque no se dieron tiempo que perder. Se ponían manos a la obra, terminaban los proyectos, y avanzaban. Además, no tenían tiempo para pensar en aquello que carecía de importancia (una forma muy sutil de procrastinación). Eran capaces de concentrarse inconscientemente en los elementos que resultaban importantes para completar la tarea.

Muy pocas personas te exigirán o incluso te pedirán que trabajes menos. Por lo tanto, si quieres ser más productivo y eficiente, tienes que evitar ser víctima de la ley de Parkinson al aplicar limitaciones artificiales sobre el tiempo que te impones para completar una tarea. Por el simple hecho de brindarte límites de tiempo y fechas de entrega para tu trabajo, te obligas a concentrarte en los elementos cruciales de la tarea. No haces las cosas más complejas o difíciles de lo necesario para que abarquen más tiempo.

Por ejemplo, supongamos que tu supervisor te entrega una hoja de cálculo y te pide que hagas unos gráficos para el final de la semana. La tarea no debería tomarte más de una hora, pero tras revisar la hoja de cálculo te das cuenta de que está desorganizada y es difícil de leer, así que comienzas a editarla. Te demoras toda la semana, pero los gráficos que debías hacer no te hubiesen tomado más de una hora. Si solo hubieses tenido un día para entregar el trabajo, te hubieses concentrado en los gráficos y hubieses ignorado lo irrelevante. Cuando se nos brinda el espacio, tal como lo dicta la ley de Parkinson, expandimos nuestro trabajo para abarcar todo el lapso de tiempo.

Establece fechas límite agresivas que supongan un desafío constante y evitarás este problema. Además, una fecha de entrega lejana suele implicar un nivel constante de estrés en segundo plano; presiónate a terminar antes de la fecha límite y libera tu mente. Ahorra tiempo al brindarte menos tiempo.

Moralejas:

- Modelo mental #24: Ley de Murphy: Todo lo que pueda salir mal, saldrá mal. Así que asegúrate de no darle la oportunidad de que lo haga. No te conformes con dejar todo a la suerte; asegúrate de tener un plan de respaldo en la medida de lo posible.

- Modelo mental #25: La navaja de Occam: la explicación más simple con la menor cantidad de variables probablemente sea la correcta. Nuestro instinto es inclinarnos por la explicación más inmediata, la cual gira en torno a lo que queremos ver o evitar.

- Modelo mental #26: la navaja de Hanlon: Es más probable que los actos de maldad se deban a incompetencia, estupidez o negligencia; lo más probable es que las conjeturas realizadas sobre las intenciones de otra persona estén equivocadas. Mejora tus relaciones personales al otorgar el beneficio de la duda y al asumir, en el peor de los casos, que es un simple despiste.

- Modelo mental #27: El principio de Pareto: Existe una distribución natural donde el 20 % de las acciones que realizamos son responsables del 80 % de los resultados; por consiguiente, deberíamos concentrarnos en el 20 % para obtener la proporción más óptima de inversión-resultado. Esto nos ayuda a concentrarnos en los resultados y a limitarnos a seguir lo que indican los datos. No se trata de buscar atajos, sino de entender lo que resulta trascendental.

- Modelo mental #28: Ley de Sturgeon: el 90% de todo es inservible, así que adopta una actitud selectiva respecto a tu tiempo y energía. Enfócate en el 10 % que esté libre de elementos inservibles y comienza a partir de allí. En cierta forma, esta es una versión más restrictiva del principio de Pareto.

- Modelo mental #29-30: Leyes de Parkinson: Primero, la trivialidad puede invadirnos con facilidad porque nos reconforta sentirnos productivos (incluso en un grado insignificante) y hacernos escuchar. Identifica tus verdaderas prioridades y cuestiónate si se están dando pasos concretos hacia la consecución de dichos objetivos. Segundo, el trabajo se expande para abarcar el tiempo disponible, así que bríndate menos tiempo. Querer trabajar a un ritmo flexible no suele hacer más que promover el autosabotaje.

Resumen

CAPÍTULO 1. PRIORIZANDO LA VELOCIDAD Y EL CONTEXTO EN LA TOMA DE DECISIONES

- Los modelos mentales son esquemas que podemos aplicar en diversos contextos para entender lo que ocurre a nuestro alrededor, interpretar la información de forma adecuada y entender el contexto. Nos proporcionan resultados predecibles. Una receta es la forma más básica de un modelo mental; cada ingrediente tiene un rol, tiempo y lugar. Sin embargo, una receta no es aplicable a contextos ajenos al gastronómico. Por lo tanto, nos vemos en la necesidad de aprender una amplia gama de modelos mentales (o un entramado, como lo expresa Charlie Munger) para prepararnos ante cualquier eventualidad. No podemos aprender el modelo específico para cada situación, pero *podemos* encontrar algunos que sean aplicables de forma universal. En este capítulo, comenzamos con los modelos mentales para tomar decisiones más rápidas e inteligentes.

- Modelo Mental #1: Aborda lo "importante"; ignora lo "urgente". Son dos elementos completamente distintos que solemos mezclar. Lo importante es lo fundamental, incluso si el beneficio o la fecha de entrega no son tan inmediatos. Lo urgente se refiere únicamente a la velocidad de respuesta deseada. Puedes usar fácilmente una matriz de Eisenhower para aclarar tus prioridades e ignorar las tareas urgentes, a menos que también resulten ser importantes.

- Modelo Mental #2: Analiza el efecto dominó. Somos una especie con poca visión de futuro. En términos de consecuencias, solo vemos lo que está frente a nuestras narices, y por lo general solo nos fijamos en las repercusiones personales. Tenemos que adoptar el pensamiento de segundo orden y visualizar todas las fichas de dominó que podrían estar desplomándose. De lo contrario, no estaríamos tomando una decisión bien fundamentada.

- Modelo Mental #3: Toma decisiones reversibles. La mayoría lo son; algunas no. Sin embargo, no nos ayuda en nada asumir que todas son irreversibles, pues esto nos mantiene en un estado de indecisión por demasiado tiempo. Orienta tus acciones hacia la toma de decisiones reversibles, pues no hay nada que perder y solo información y velocidad que ganar.

- Modelo Mental #4: Adopta el enfoque de la "satisficiencia". Esta es la combinación de satisfacción y suficiencia, y tiene como objetivo tomar decisiones que sean lo suficientemente buenas, adecuadas y que cumplan su propósito. Esto supone un evidente contraste con aquellas personas que buscan aprovechar al máximo sus decisiones añadiéndoles detalles "por si acaso" y porque "suenan bien". Los que buscan el máximo beneficio intentan tomar la decisión perfecta. Esta no existe, así que suelen quedarse de brazos cruzados.

- Modelo Mental #5: No te excedas del 40-70 %. Esta es la regla de Colin Powell. Toma una decisión con al menos 40 % de la información necesaria, pero no más de 70 %. Menos de eso sería improvisación; más de eso y estarías perdiendo el tiempo. Puedes reemplazar "información" con casi cualquier otra cosa, y entenderás que este modelo mental gira en torno a incentivar las decisiones rápidas, pero bien fundamentadas.

- Modelo Mental #6: Reduce el arrepentimiento. Jeff Bezos desarrolló lo que él denomina como el "sistema de reducción de arrepentimiento". En este sistema, se nos pide que nos visualicemos como octogenarios y nos preguntemos si nos arrepentiríamos de tomar (o no) una decisión. Esto simplifica las decisiones al evaluarlas con un único criterio: el arrepentimiento.

CAPÍTULO 2. CÓMO OBTENER UNA MEJOR PERSPECTIVA

- Percibir y razonar con sensatez no son acciones instintivas. Lo que mueve al ser humano es la supervivencia, el placer, la evasión del dolor, la comida, el sexo y el descanso. Cualquier otra cosa que consideremos un objetivo superior tiende a ser secundario, al menos para nuestro cerebro. Por consiguiente, los modelos mentales son muy importantes para asegurarnos de pensar con sensatez. Solemos percibir el mundo de forma distinta tras un segundo vistazo.

- Modelo mental #7: Ignora los "cisnes negros". Este es el primer modelo mental que nos advierte específicamente de la tendencia a sacar conclusiones apresuradas con base en información imperfecta, sesgada o incompleta. Un cisne negro es un evento completamente impredecible que ocurre de la nada. En el proceso, distorsiona toda nuestra información y creencias, y las personas comienzan a creer que el cisne negro es el nuevo estándar de normalidad. Sin embargo, no es más que un caso atípico que debería ser ignorado.

- Modelo mental #8: Busca el punto de equilibro. Este modelo mental gira en torno a identificar tendencias de progreso. Cuando inicias una actividad, pasas de cero a uno (y ese es un progreso considerable). Posteriormente, pasas de uno a dos, de dos a tres, y así sucesivamente, y el progreso reduce la velocidad, y los resultados comienzan a decaer. Siempre existe un punto de equilibrio que indica cuál será el promedio. No cometas el error de no esperar por él.

- Modelo mental #9: Espera por la regresión a la media. Este es el último modelo mental que gira en torno a ver el panorama completo en términos de información. Cambiar sin *motivo* no es un cambio genuino; no es más que una variación. Por lo tanto, no implica que seguirá ocurriendo a futuro. Una regresión a la media ocurre cuando las cosas vuelven a su estado inicial y reanudan su funcionamiento habitual; es un reflejo de la realidad.

- Modelo mental #10: ¿Qué haría Bayes (QHB)? Curiosamente, nuestros tres modelos anteriores giraban en torno a nuestros intentos fallidos de sacar conclusiones y predecir el futuro. El teorema de Bayes es un concepto que, de hecho, nos permite sacar conclusiones sobre eventos futuros: basándose en probabilidades y tomando en cuenta los precedentes. No necesitas más que las probabilidades aproximadas de tres elementos para incluirlos en la fórmula de Bayes, y llegarás a una conclusión mucho más precisa que la de cualquier "experto". Este es un pensamiento probabilístico básico.

- Modelo mental #11: Hazlo como Darwin. Al parecer, Darwin no era un genio, pero sí que tenía una característica que lo diferenciaba del resto: su incansable dedicación a la búsqueda de la verdad. En el proceso, desarrolló su regla de oro (y nuestro modelo mental) de darle la misma importancia y atención a los argumentos y opiniones que se opusiesen a los propios. En lugar de ponerse a la defensiva cuando se topaba con un argumento que lo contradecía, adoptaba una actitud más crítica y escéptica respecto a su propia opinión. Semejante apertura mental nos libra del ego y del sesgo de confirmación.

- Modelo mental #12: Adopta el Sistema 2. Todos tenemos dos sistemas de pensamiento, cortesía de Daniel Kahneman: el Sistema 1 y el Sistema 2. El Sistema 1 se centra en la velocidad y eficiencia del pensamiento, mientras el Sistema 2 se centra en la exactitud y profundidad del mismo. El Sistema 2 es inteligente, mientras el Sistema 1 es tonto. El Sistema 1 tiene más desventajas que ventajas, pero, lamentablemente, es el que adoptamos por defecto debido a su sencillez. Aprende a diferenciar entre ambos; reconoce el Sistema 1 y, posteriormente, intenta hacer la transición inmediata al Sistema 2.

CAPÍTULO 3. LA MANERA IDEAL DE RESOLVER LOS PROBLEMAS

- La mayoría de métodos que utilizamos para resolver los problemas consisten en golpear el mismo muro repetidamente, esperando que con el tiempo se desplome. Obviamente, este no es el enfoque más eficiente ni para nosotros, ni para el muro. Sin lugar a dudas, la resolución de problemas ideal puede originarse de los modelos mentales, pues estos pueden brindarnos una fórmula a seguir. Después de todo, en eso se resumen elementos como la ecuación cuadrática o π: modelos mentales que nos ayudan a resolver los problemas.

- Modelo Mental #13: Somete tus perspectivas a una evaluación externa. Uno de los motivos principales por el que fracasamos en resolver los problemas se encuentra relacionado a nuestra incapacidad de percibir las perspectivas de los demás. De hecho, deberíamos someter nuestra perspectiva a una triangulación continua con respecto a la perspectiva de otros. Reflexionar y buscar soluciones de la nada jamás funcionará, pues si no lo experimentas de primera mano, no tendrá sentido alguno para ti.

- Modelo Mental #14: Autoevalúate. Este modelo mental gira en torno a resistir la tentación que nos produce el sesgo de confirmación, e intentar examinarte antes de que alguien más lo haga. Asume que estás equivocado; esto aplica más que todo en las relaciones interpersonales. Si asumes que tienes al menos el 1 % de la culpa en el conflicto, tu ilusión de superioridad e infalibilidad se romperá, lo que supone un factor importante en las interacciones sociales.

- Modelo Mental #15: Distingue la correlación de la causalidad. Son conceptos completamente distintos. Forzar una relación donde no la hay te hará concentrarte en el problema equivocado. Además, debes separar la causa inmediata de la causa raíz; la causa raíz es lo que nos conviene buscar, y puede identificarse mediante una serie de preguntas.

- Modelo Mental #16 Narrar en sentido contrario. En lo que respecta a la causalidad, solo necesitamos optimizar cierto tipo de razonamiento. Obtendrás apoyo visual con el diagrama de espina de pez, el cual te ayudará a registrar las causas de las causas, y así sucesivamente. Esto es una narración en sentido contrario porque comienzas desde la conclusión y trabajas en sentido contrario mediante técnicas que, en ocasiones, pueden llegar a ser un poco ambiguas.

- Modelo Mental #17: Método SCAMPER. El método SCAMPER hace referencia a siete técnicas que nos ayudan a orientar nuestro pensamiento hacia ideas y soluciones innovadoras: (S) sustituir, (C) combinar, (A) adaptar, (M) minimizar/magnificar, (P) proponer un uso distinto, (E) eliminar, y (R) revertir.

- Modelo Mental #18: Volver a lo básico. Cuando intentamos resolver los problemas, hay ocasiones en las que intentamos seguir métodos o procesos específicos por el simple hecho de que es lo habitual. Sin embargo, ¿es lo más eficiente? El pensamiento centrado en principios básicos nos libera de ideas preconcebidas y nos deja únicamente con una serie de hechos y el resultado deseado. A partir de allí, puedes desarrollar tu propia solución.

CAPÍTULO 4. LOS ANTIMODELOS MENTALES: CÓMO ALCANZAR EL ÉXITO A TRAVÉS DE LA EVASIÓN

- Es inevitable; así es como nos criaron. Por supuesto, no necesariamente quiere decir que esté mal. Me refiero al hecho de ir tras el éxito en lugar de evitar las consecuencias negativas. Aunque otros capítulos del libro giran en torno a modelos mentales, este presenta antimodelos mentales para demostrar que es posible obtener el mismo grado de éxito concentrándonos en un único aspecto: la evasión.
- Modelo mental #19: Evita los objetivos directos. Los objetivos directos son como apuntar a la luna, mientras que los antiobjetivos, u objetivos inversos, consisten en evitar estrellarnos y hacer todo lo posible para prevenirlo. Tienen la misma probabilidad de éxito que los objetivos directos, pero podrían ayudarte a alcanzarloS de forma más rápida y eficiente. Limítate a identificar los factores que causarían una situación adversa, y dedícate a prevenirlos.
- Modelo mental #20: Evita pensar como experto. Los expertos piensan en términos generales y pueden llegar a prestarle poca atención a los pequeños detalles. Los detalles, por muy ilógico

que suene, suelen recibir más atención de los novatos, pues estos se encuentran asimilando nueva información y experimentando el proceso a un ritmo más pausado. Pensar como experto en un área específica probablemente implicará que cometerás pequeños errores, pues partes de ideas preconcebidas y te concentras en los efectos e ideas generales.

- Modelo mental #21: Evita salir de tu zona de talento. Todos tenemos ventajas innatas en ciertas áreas, y sin importar lo mucho que nos esforcemos, nunca alcanzaremos un desempeño superior a lo mediocre en otras áreas. Reconoce tus fortalezas, y aunque no deberías dejar de intentar mejorar tus puntos débiles, tienes que identificar las áreas en las que serás más eficiente.

- Modelo mental #22: Evita las listas de tareas. De hecho, te conviene crear una lista de "antitareas". El acto de descartar las tareas improductivas, y aquellas que resultan irrelevantes, liberará mucho espacio en tu agenda. Esto implica que tendrás menos estrés y ansiedad, y que sabrás con exactitud cuáles son tus prioridades.

- Modelo mental #23: Evita el camino fácil. ¿Algo parece demasiado fácil? Es demasiado bueno para ser cierto. Evítalo. Busca lo difícil, pues esa es la señal inequívoca de que vas por el camino correcto. Día a día, se nos presentan dos opciones: la fácil y la correcta. Generalmente, ni siquiera nos percatamos de tener la libertad de elegir, pero cuando comienzas a calificar tus opciones con honestidad, podrías descubrir que tu instinto de evitar lo difícil no es más que una forma de autosabotaje.

CAPÍTULO 5. MÉTODOS CLÁSICOS: ¡POR ALGO HAN SOBREVIVIDO AL PASO DEL TIEMPO!

- Modelo mental #24: Ley de Murphy: Todo lo que pueda salir mal, saldrá mal. Así que asegúrate de no darle la oportunidad de que lo haga. No te conformes con dejar todo a la suerte; asegúrate de tener un plan de respaldo en la medida de lo posible.

- Modelo mental #25: La navaja de Occam: la explicación más simple con la menor cantidad de variables probablemente sea la correcta. Nuestro instinto es inclinarnos por la explicación más inmediata, la cual gira en torno a lo que queremos ver o evitar.

- Modelo mental #26: la navaja de Hanlon: Es más probable que los actos de maldad se deban a incompetencia, estupidez o negligencia; lo más probable es que las conjeturas realizadas sobre las intenciones de otra persona estén equivocadas. Mejora tus relaciones personales al otorgar el beneficio de la duda y al asumir, en el peor de los casos, que es un simple despiste.

- Modelo mental #27: El principio de Pareto: Existe una distribución natural donde el 20 % de las acciones que realizamos son responsables del 80 % de los resultados; por consiguiente, deberíamos concentrarnos en el 20 % para obtener la proporción más óptima de inversión-resultado. Esto nos ayuda a concentrarnos en los resultados y a limitarnos a seguir lo que indican los datos. No se trata de buscar atajos, sino de entender lo que resulta trascendental.
- Modelo mental #28: Ley de Sturgeon: el 90% de todo es inservible, así que adopta una actitud selectiva respecto a tu tiempo y energía. Enfócate en el 10 % que esté libre de elementos inservibles y comienza a partir de allí. En cierta forma, esta es una versión más restrictiva del principio de Pareto.
- Modelo mental #29-30: Leyes de Parkinson: Primero, la trivialidad puede invadirnos con facilidad porque nos reconforta sentirnos productivos (incluso en un grado insignificante) y hacernos escuchar. Identifica tus verdaderas prioridades y cuestiónate si se están dando pasos concretos hacia la

consecución de dichos objetivos. Segundo, el trabajo se expande para abarcar el tiempo disponible, así que bríndate menos tiempo. Querer trabajar a un ritmo flexible no suele hacer más que promover el autosabotaje.

Milton Keynes UK
Ingram Content Group UK Ltd.
UKHW022114091023
430260UK00005B/15